짙은 구름,
더 깊은 긍휼

Dark Clouds, Deep Mercy

Copyright © 2019 by Mark Vroegop
Published by Crossway
a publishing ministry of Good News Publishers
Wheaton, Illinois 60187, U.S.A.
This Korean translation edition © 2020 by Duranno Ministry, Seoul, Republic of Korea
This edition published by arrangement with Crossway through rMaeng2, Seoul,
Republic of Korea.
All rights reserved.

짙은 구름, 더 깊은 긍휼

지은이 | 마크 브로갑
옮긴이 | 정성묵
초판 발행 | 2020. 11. 25
5쇄 발행 | 2024. 11. 21
등록번호 | 제1988-000080호
등록된 곳 | 서울특별시 용산구 서빙고로65길 38
발행처 | 사단법인 두란노서원
영업부 | 02)2078-3333 FAX | 080-749-3705
출판부 | 02)2078-3330

책값은 뒤표지에 있습니다.
ISBN 978-89-531-3899-5 03230

독자의 의견을 기다립니다.
tpress@duranno.com www.duranno.com

두란노서원은 바울 사도가 3차 전도 여행 때 에베소에서 성령 받은 제자들을 따로 세워 하나님의 말씀으로 양육
하던 장소입니다. 사도행전 19장 8-20절의 정신에 따라 첫째 목회자를 돕는 사역과 평신도를 훈련시키는 사역,
둘째 세계선교™와 문서선교단행본·잡지 사역, 셋째 예수문화 및 경배와 찬양 사역, 그리고 가정·상담 사역 등을 감
당하고 있습니다. 1980년 12월 22일에 창립된 두란노서원은 주님 오실 때까지 이 사역들을 계속할 것입니다.

짙은 구름,
더 깊은 긍휼

마크 브로갑 지음

정성묵 옮김

두란노

애통의 순례길 내내
용감하게 나와 나란히 걸어 준
내 아내 사라(Sarah)에게 이 책을 바친다.
사랑하오, 여보.

하나님이 고난은 힘들지만 힘든 것이
꼭 나쁜 것은 아니라는 사실을
내게 가르치기 위해 사용하신
내 딸 실비아에게 이 책을 바친다.
딸아, 그립구나.

이 책을 향한 찬사들

모든 것이 합력해서 선을 이룬다는 것을 알아도 애통함은 길들여지지 않는 슬픔입니다. 저자는 낯설고 불편하면서도 지독한 슬픔의 시간을 거치면서 애통함이야말로 미처 생각하지 못한 은혜의 선물임을 깨닫습니다. 그는 시편과 애가 곳곳에서 들리는 고통의 신음 속으로 우리를 불러 놓고, 애통에서 배우고 애통과 함께 사는 여정의 가이드를 자청합니다. 여행 말미에 우리도 깨닫습니다. 함께 애통할 줄 알고 애통함을 위로할 줄 알면 모두가 원망과 분노에서 풀려날 것이라는 사실입니다.

조정민_ 베이직교회 담임목사

이 책은 우리로 하여금 깊은 애통에만 머물게 하지 않습니다. 우리로 하여금 우리의 암울한 애통의 장소에 멈춰 있던 눈을 들어 더 깊은 긍휼을 가지신 하나님께로 향하게 합니다. 때로 우리는 울 수 있습니다. 인생의 먹구름 앞에서 울지 않을 수 없습니다. 그러나 반드시 하나님 앞에서만 울어야 합니다. 지금이 바로 그때인 것 같습니다. 애통해야 할 때 애통하지 않으면 회복의 은혜를 경험하지 못합니다. 우리가 인생의 먹구름 속에서 하나님을 기다릴 때 우리는 진정한 회복을 맛보게 될 것입니다. 이 책을 읽으십시오. 이 책은 당신이 드리는 애통의 기도가 하나님의 긍휼을 맛보는 자리로 인도해 주는 것의 의미를 가르쳐 줄 것입니다.

이찬수_ 분당우리교회 담임목사

고통은 만국 공통어입니다. 만인은 예외 없이 고통받는다는 점에서 하나입니다. 허나, 애통은 그리스도인의 모국어입니다. 십자가의 언어이기 때문입니다. 하나님의 아들도 피할 수 없었던 고통에는 울고 있는 하나님, 같이 아파하는 하나님이 계십니다. 예레미야와 브로갑은 하나님의 울음을 대신하여 울었습니다. 하나님은 이들을 통해 애통의 마음을 우리에게 보이셨습니다. 고통이 나의 이야기라면, 이 책으로 모국어를 연습하고, 하늘 언어로 말하고, 하늘 이야기를 살아볼 수 있길 바랍니다.

김기현_ 로고스교회 담임목사

이 책은 애통에 대한 우리의 피상적인 인식을 깨트립니다. 애통이 하나님의 긍휼로 향하는 유일한 통로임을 알려 줍니다. 저자는 애통하는 사람의 심령에만 새겨지는 놀라운 은혜가 있음을 자신의 삶과 신앙의 여정을 통해 설득력 있게 증언합니다. 그 놀라운 은혜가 궁금하신 분들은 이 책을 읽으십시오. 우리가 하나님 앞에서 상실과 슬픔을 마음껏 아파해야 할 이유를 발견할 것입니다. 이 책을 통해 눈물과 한숨 속에서도 오늘 하루를 걸어갈 용기와 담력을 얻게 되리라 확신합니다.

김관성_ 행신침례교회 담임목사

이 책은 시편과 예레미야애가를 통해 우리에게 외친다. '울어도, 슬퍼해도, 이유를 몰라 고개를 갸웃거려도, 의심과 두려움을 품고도, 하나님 앞에 나아가도 괜찮다! 하늘 아버지께서는 다 받아 주실 수 있다! 그리고 결국 우리에게 은혜와 긍휼을 보여 주실 것이다!' 이 책은 웃는 가면을 쓴 현대 복음주의의 피상적인 모습에 대한 놀라운 해독제다.

　　어윈 루처(Erwin W. Lutzer)_ 무디교회 원로목사

저자에게 너무도 감사한다. 지난 몇 년간 읽은 책 중에서 가장 중요하고 영향력 있는 책 가운데 하나로 꼽고 싶다. 힘든 시기를 지나고 있다면 성경 외에는 이 책이 그 어떤 무엇보다도 많은 통찰과 위로를 줄 것이다. 목회자라면 이 책을 통해 '애통의 은혜'가 당신 교회의 신음하는 사람들에게 얼마나 큰 도움이 될지 발견하게 되기를 바란다.

　　도널드 휘트니(Donald S. Whitney)_ 남침례교신학교 부학장

여태껏 이런 책은 읽어 본 적이 없다. 혹시 지금 상처로 신음하고 있는가? 신음하는 누군가를 돕고 싶은가? 아니면 교회가 애통에 관한 성경의 가르침을 회복하고 경험하도록 이끌기 위해 노력하고 있는가? 그렇다면 이 책은 바로 당신을 위한 책이다.

　　다니엘 아킨(Daniel L. Akin)_ 사우스이스턴침례교신학교 총장

한 아버지의 슬픔 속에서 한 목사의 지혜를 품고 태어난 이 책은 각 사람과 교회에게 상실과 절망의 여행 중에 기도하는 법을 가르쳐 준다. 책의 저자는 하나님 앞에 솔직한 불평과 담대한 요청을 드리고 무궁한 긍휼을 지니신 분을 향한 변함없는 믿음을 선택하기 위한 성경적인 기준을 제시한다.

다니엘 캐럴(M. Daniel Carroll R.)_ 휘튼대학 구약학 교수

그리스도가 다시 오시거나 우리를 본향으로 부르실 때까지 애통은 타락한 세상에서 믿음을 지키기 위해 하나님이 주신 언어가 되어 줄 것이다. 이 책은 교회가 애통의 언어에 더 유창해져서, 우리의 슬픔을 몸소 짊어지신 하나님과 더 깊이 소통하게 해 줄 것이다.

콜린 한센(Collin Hansen)_ TGC(The Gospel Coalition) 편집장

크리스천들은 복음이 삶의 고통을 줄여 주는 것처럼 굴어야 한다는 압박감을 느낄 때가 너무도 많다. 그런가 하면 성경적인 진리와 소망 없이 고통에 대해 슬퍼하기만 하는 이들도 있다. 이 책은 크리스천의 애통을 통한 복음의 강력한 은혜를 아름답게 그리고 있다. 저자의 솔직하고 매력적인 이야기로 인해 읽는 내내 감동의 눈물이 멈추지 않았다.

브라이언 크로포트(Brian Croft)_ 어번데일침례교회 담임목사

나는 저자와 그의 아내가 상실의 길에서 경건한 애통의 열매를 맺는 것을 가까이에서 지켜보았다. 저자는 지독히 어두운 밤에 애통의 치유하는 은혜를 통해 하나님의 긍휼을 경험하는 소망 가득한 안내서를 우리에게 선물했다.

낸시 드모스 월게무스(Nancy DeMoss Wolgemuth)_ 《왕의 정원으로》 저자

마음을 열면 이 책이 눈물을 뽑아내고, 거짓 웃음을 걷어 내고, 묵은 상처를 치유하고, 성경에 대한 이해를 높여 주고, 평안을 줄 것이다. 저자는 고통과 절망의 한복판에서 긍휼과 소망이라는 성경의 빛으로 가는 길을 친절하게 알려 준다. 우리의 고통은 신세한탄이 아닌 남들을 돕기 위한 발판이 될 수 있다. 이 책이 그렇게 되도록 도와줄 것이다.

토머스 화이트(Thomas White)_ 시더빌대학 총장

개인적인 비극과 상실에서 탄생한다. 이 책은 상실로 인해 깊은 상처를 입은 사람들을 위한 도움이 가득한 금광과 같다. 저자는 개인적인 삶과 목회 경험, 성경 강해를 솜씨 좋게 버무려 역작을 만들어 냈다. 어떻게 마음 깊은 곳에서 나오는 애통의 기도를 통해 하나님의 은혜를 발견하고 하나님의 목적을 믿는 믿음으로 나아갈 수 있는지 명쾌하게 보여 주는 책이다.

존 스트리트(John D. Street)_ 마스터신학교 성경상담대학원 원장

하나님은 우리 모두가 애통의 은혜에 관해 배울 수 있도록 사랑 안에서 가장 탁월한 성경 강해자 중 한 명을 깊은 슬픔의 도가니 속에 빠뜨리셨다. 저자는 딸의 죽음이라는 비극을 통해 성경을 깊이 묵상하고 연구한 끝에 우리 모두가 구세주와 더 친밀히 동행할 수 있도록 도와주는 아름다운 책을 써 냈다.

샌디 윌슨(Sandy Willson)_ 커버넌트장로교회 임시담임목사

내 삶에서 이 책이 꼭 필요했던 시기가 있었다. 그래서 다양한 감정으로 이 책을 읽었다. 마침내 이 책이 나와서 기뻤고, 이 책이 더 빨리 나오지 않은 것이 안타까웠다. 진작 알았다면, 진작 저자의 말처럼 해 봤다면, 조금 더 깊은 긍휼을 경험하지 않았을까. 이 책은 빨리 읽을수록 도움이 된다!

제이슨 마이어(Jason C. Meyer)_ 베들레헴침례교회 설교 목사

이 책의 저자는 슬픔이 꼭 하나님의 존재를 부인하거나 하나님의 주권적인 돌보심을 믿지 못하는 것이 아니라는 점을 강조한다. 하나님은 우리에게 고통과 슬픔을 표현하고 나서 진정한 소망과 치유의 자리로 나아오라고 명령하신다. 저자는 우리의 마음을 열어 '검은 구름 속의 깊은 긍휼'을 발견하는 길을 보여 준다. 이 책은 소망으로 가득한 보화다.

크로포드 로리츠 주니어(Crawford W. Loritts Jr.)_ 펠로십바이블교회 담임목사

고통의
한가운데서
만난 은혜

어느날 갑자기 목이 부러지는 사건으로 인해 온몸을 움직이지 못하게 되었을 때, 하나님이 나를 버리셨다고 느꼈다. 밤이되면 내 몸을 더 아프게해서 내 인생의 비극을 끝낼 생각으로 머리를 베개에 세게 부딪쳤다. 퇴원한 이후로는 집밖을 나오기를 거부했다. "커튼을 닫아 줘. 불을 꺼 줘. 문을 닫아 줘." 나는 여동생에게 그렇게 말했다. 내 장애는 영구적이었고, 내 영혼은 죽어 있었다.

군이 당신이 휠체어를 타지 않아도 내가 어떤 심정인지 알 것이다. 당신도 때로는 나빠진 상황이 더 이상 좋아지지 않는다는 것을 알 것이다. 또 삶의 문제들이 항상 원하는 방향으로 해결되는 것은 아니다. 갈등이 항상 풀리는 것도 아니다. 아이들이 사고로 목숨을 잃고, 부부관계가 깨어지고, 궁극적으로는 죽음이 세상과 우리의 믿음을 뒤흔든다.

우리는 긴 막대기 위에서 접시를 돌리는 광대처럼 발버둥을 치며 산다. 너무 힘들 때면 정신을 차리기 위해 스스로 찬물을 끼얹기도 하고, 러닝머신 위에서 땀을 흘리기도 한다. 새 옷을 자랑도 해 보고 주말에 산에 올라도 본다. 억지 미소를 지으며 하나님을 믿는다고 주변 사람들에게 말한다. 하지만 그것이 거짓임을 자신이 가장 잘 알고 있다.

내 심정이 그러했다. 얼마간 침대에서 누워 지내자 우울해 하는 것이 지겨워졌고, 마침내 울부짖기 시작했다. "하나님, 죽을 수 없다면 '제발' 사는 법을 보여 주세요!" 바로 이것이 하나님이 나에게 기다리시던 기도였다.

그때부터 틈만 나면 언니에게 나를 일으켜서 성경책 앞까지 데려다 달라고 부탁했다. 나는 답을 찾아 성경책을 이리저리 뒤적였다. 어떤 답이라도 찾기를 원했다. 기독교 상담가로 일하는 친구에게 도움을 요청했더니, 그가 주저 없이 예레미야애가를 펴 주고는 세 번째 장을 가리켰다.

여호와의 분노의 매로 말미암아 고난당한 자는 나로다 … 종일토록 손을 들어 자주자주 나를 치시는도다(애 3:1, 3).

순간, 무릎을 치고 싶었다. "바로 내 얘기잖아!"

하나님이 우리의 애통을 기꺼이 받아 주신다는 것을 알고 깜짝 놀랐다. 나중에 나는 하나님이 우리를 이해하신다는 사실을 아는 것만큼 답답한 속을 시원하게 해 주는 것이 없다는 것을 알게 되었다. 무엇보다도 예레미야애가와 시편을 읽을 때면 답답했던 가슴이 후련해졌다.

우리가 고통을 당하면 하나님의 가슴도 아프다. 우리의 좌절과 의문에 하나님은 조금도 당황하지 않으신다. 하나님은 모든 고통과 의문을 다 알고 계시기 때문이다. 그래서 성경에는 고통과 애통에 대한 말씀이 가득하다. 더 놀라운 사실은 하나님은 우리가 고통과 슬픔, 좌절과 삶의 질문을 들고 그분 앞에 나오기를 바라신다는 점이다.

고통과 슬픔을 이기기 위해 이 책만큼 좋은 안내서는 없다. 책의 저자는 이 주제를 경험했고, 충분히 알고 있다.

그는 깊은 고난을 겪었을 뿐 아니라, 20년 넘게 아파하는 사람들을 위하여 목회를 해 왔다. 그는 분노와 좌절을 성경적으로 다루는 법을 알려 준다. 아무렇지 않은 척하는 것은 답이 아니다. 오히려 고통으로 인해 하나님과 더 가까워질 수 있다.

"하나님, 이런 식으로는 더는 살 수 없습니다"라고 울부짖고 있는가? 걱정하지 말라. 우리에게는 저자와 같은 동반자가 있다. 그의 탁월한 책을 안내서로 삼으라. 이 책의 저자는 고난 속에서 살아왔다. 그래서 그는 고통 속에서 실질적인 도움이 필요할 때 찾아갈 만한 현자다. 그를 안내자로 삼으라. 그리고 성령의 인도하심을 따르라. 이 책을 끝까지 읽기도 전에 지평선 위로 떠오르는 소망을 발견할 것이다.

조니 에릭슨 타다(Joni Eareckson Tada)
조니와 친구들 국제장애센터 대표

CONTENTS

하나님 앞에서 울다

우는 사람들과 함께 울며

PART 3

깊은 애통, 하지만 더 깊은 긍휼

소망이
끊어질 때

주신 이도 여호와시요
거두신 이도 여호와시오니
여호와의 이름이
찬송을 받으실지니이다(욥 1:21).

내가 애통하는 법을 배우게 된 것은 내 인생의 가장 고통스러운 순간이었다. 그날 나는 무릎을 꿇고 소리쳤다. "주님, 안 됩니다! 이건 절대 안 됩니다!" 때는 2004년이었다. 아내 사라(Sarah)가 나를 깨워 배 속의 아기의 움직임이 이상하다고 말했다. 출산 예정일을 며칠 앞둔 그날 아내는 태아가 움직이기를 기다리느라 거의 밤을 새우다시피 했었다. 자세를 바꿔가며 몇 시간씩 배를 만지고 눈물을 쏟아 기도했지만 자궁 안은 고요하기만 했다. 아내의 걱정은 점점 깊어졌다. 나는 침대에 누운 아내의 옆에 무릎을 꿇고 눈물로 기도했다.

우리 부부에게 임신은 처음이 아니었다. 첫 번째 임신 당시, "쌍둥이"라는 말을 듣고 충격에 빠졌었다. 아내는 39주간 두 녀석을 품고 있었다. 병원의 기록을 깰 만큼 쌍둥이들의 몸무게는 많이 나갔다. 출산 후 우리는 건강한 두 아들을 품에 안고 집으로 돌아왔다. 그로부터 3년 뒤, 또다시 남자아이를 선물로 얻었다. 그렇게 우리는 4년간의 결혼 생활 동안 건강한 세 녀석을 우리 삶 속으로 받아들였다.

인생의 모든 순간이 순풍만은 아니었다. 나름대로 난관도 마주했다. 세 아이가 태어났을 때 나는 미시건 주 서부의 한 교회에서 교육 목사로 사역하고 있었다. 젊은 목사인 내게 주어진 업무는 과중했다. 나는 경험이 부족했고, 교회는 문제가 끊이지 않았다. 다시 말해, 나는 온실에 사는 화초처럼 아무런 문제도 없이 꽃길만 걸어온 사람이 아니다. 하지만 아내와 병원으로 향했던 그 순간, 나도 모르게 전에 없이 깊은 절망을 담은 기도가 터져 나왔다. 나는 겁에 질려 있었다.

그날 오후 의사는 태아의 심장박동을 확인하기 위해 아내의 배에 청진기를 댔다. 여러 각도에서 진지하게 소리에 집중했지만, 침묵만 가득했다. 의사의 얼굴이 어두워졌고 그는 상황을 정확히 확인하기 위해 초음파 검사실로 이동하기를 권했다. 아내의 고개가 아래로 툭 떨어졌다. 이미 결과를 알고 있었기 때문이다.

몇 분 뒤 화면에 아기의 몸이 나타났다. 의사가 초음파 막대기를 부지런히 움직였다. 나는 초음파 검사 장면을 나름대로 많이 봤기 때문에 그가 무엇을 찾는지 알고 있었다. 그는 심장이 움직이는 흔적을 찾고 있었다. 아내는 아무 말도 하지 않았고, 의사는 화면을 응시하기만 했다. "죄송합니다. 아기의 심장이 뛰지 않습니다."

아기는 우리 삶 속으로 들어오기 불과 며칠을 앞두고

하늘나라로 가 버렸다.

깊은 슬픔에
갇히다

그 순간, 깊은 슬픔이 우리를 휘감았다. 하지만 우리의 여정은 이제 겨우 시작이었을 뿐이다. 몇 시간 뒤 아내는 입원을 했고 나는 아내의 침대 옆에 앉아 산통을 지켜보아야만 했다. 우리는 함께 기도하며 울부짖었다. 청천벽력과도 같은 소식을 들은 지 약 24시간 만에 나는 생명이 없는 딸 실비아(Sylvia)의 작은 몸을 품에 안았다. 그 아이를 조심스레 담요에 싸면서 녀석이 깨어나기를 간절히 바랐다. 완전히 발달한 몸은 지극히 정상처럼 보였다. 하지만 호흡이 없었다. 더없이 예쁘지만 살아 있지 않았다.

폐부를 찌르는 슬픔, 말로 표현할 길이 없는 격통을 느꼈다. 고통과 두려움이 한데 뒤섞여 강렬한 감정의 급류를 형성했다. 온갖 걱정이 머릿속을 맴돌았다. 우리 아이들이 이 비극을 어떻게 받아들일까? 아내가 다시 행복해질 수 있을까? 우리는 또 아이를 가질 수 있을까? 목회를 하면서 이 고통을 안고서 어떻게 살아갈 수 있을까? 우리 가정이 이 고통을 극복해 낼 수 있을까? 수많은 질문들과 수많은 두려움이 나를 억눌렀다.

애통에
귀를 기울이다

실비아가 죽은 뒤로 나는 하나님께 용광로 같은 내 마음을 쏟아냈다. 하나님께 화를 내고 싶은 유혹과 처절하게 싸우느라 괴로웠다. 내 가슴에 커다란 구멍을 낸 슬픔과 씨름했다. 고통의 한복판에서 나는 감정을 담아 낸 성경의 단어와 어구들을 찾기 시작했다. 그러자 몇 부분이 눈에 확연히 들어왔다.

성경은 내 고통을 표현할 길을 열어 주었다. 특히 시편은 나의 책이 되어 주었다. 전에도 시편을 자주 읽었지만 그 구절 하나하나가 전에 없이 깊이 내 마음에 파고들었다. 그렇게 1년에 걸친 여정이 시작되었다. 그 과정에서 나는 고통을 표현할 단조의 언어를 발견했다. 그것은 바로 '애통'이었다.

오랫동안 성경을 공부해 왔지만 성경적인 애통은 생소하기만 했다. 그것을 무엇이라고 불러야 할지도 알지 못했다. 나는 단지 내 두려움과 고통을 표현하는 동시에 내 마음을 하나님께로 향하려고 했을 뿐이었다. 영적 생존을 위한 탐구는 이 역사적이고도 성경적인 형태의 기도를 향해 내 마음을 활짝 열어 주었다. 슬픔 속에서 내 마음은 애통의 노래에 귀를 기울이기 시작했다.

나의 폐부에서 우러나온 솔직한 애통은 너무도 새롭고 유익했다. 물론 나는 로마서 8장 같은 구절을 통해 하나님의 사랑을 확신했다. 하나님께서는 어떻게든 모든 것이 합력하여 선을 이루실 줄 믿었다. 이 점에 대해서는 일말의 의심도 없었다.

하지만 내 슬픔은 길들여지지 않았다. 참으로 지독한 슬픔이었다. 나는 두려움, 실망감, 슬픔과 사투를 벌였다. 그리고 그 여정 가운데서 애통의 은혜를 발견했다. 애통, 나에게는 전혀 부르고 싶지 않던 노래였다. 하지만 시련의 늪에 빠지고 보니 이 반갑지 않은 애통의 은혜가 그렇게 고마울 수가 없었다.

지금 되돌아보면 애통은 내 인생의 인도자요 선생이며 위안이었다. 실비아를 떠나보낸 뒤 수년 동안 내 삶은 감정이 뒤섞인 롤러코스터였다. 그 후로도 우리 부부는 여러 번의 유산을 경험했다. 그러나 고통스럽지만 솔직한 기도들은 우리의 고통을 예배의 통로가 되게 했다. 분명 애통은 내가 슬픔의 광야를 헤쳐 나가는 데 도움이 되었다.

불편하고
낯선 애통

하지만 이 여정 중에서 나처럼 애통을 낯설게 여기거나 심지어 불편하게 생각하는 크리스천들이 많다는 사실을 발견하게 되었다. 가끔 내가 영혼의 고통을 솔직히 내비치면 어떤 이들은 불편한 기색을 역력하게 드러냈다. 내게 긍정적인 생각을 권하는 이들이 있는가 하면 황급히 주제를 바꾸는 이들도 있었다. 어색한 침묵으로 반응하는 이들이 있는가 하면 낯선 분위기를 피하기 위해 핑계를 대고 자리를 뜨는 이들도 있었다.

내 고통에 대한 대화를 계속하는 사람들도 보통 유익하지 못한 쪽으로 반응했다. 많은 이들이 위로를 해 준다며 이런 식으로 말했다. "하나님이 또 다른 아이를 주실 줄 믿습니다." "따님의 죽음으로 더 많은 사람이 그리스도를 영접하게 될지 모릅니다." "변함없는 믿음을 보이시면 하나님이 반드시 알아 주실 겁니다."

다들 좋은 뜻으로 한 말이었다. 내 고통을 달래 주려는 시도는 정말 고마웠다. 하지만 대부분의 사람들이 고통 가운데 하나님을 찾고 영적 성숙의 길로 가는 법을 모르는 것이 분명했다. 고통과 애통은 우리에게 익숙한 영역이 아니었다.

은혜로서의
애통

슬픔에 관한 책들을 찾아서 읽어 보니 하나같이 고통의 목적을 설명하거나 독자들이 슬픔의 단계들을 지나도록 안내하는 내용이 대부분이었다. 그런 책도 나름대로 도움이 되기는 하지만, 하나같이 애통의 개념을 놓치거나 무시하고 있었다. 슬픔을 설명하거나 빠른 해법을 찾으려는 시도도 좋지만 그렇게 해서는 애통의 진정한 의미를 놓칠 수 있다. 슬픔과 충분히 씨름하지 않고 슬픔에서 성급히 벗어나기만 바랄 수 있다. 하나님이 주신 애통의 노래를 이해하고 받아들이지 않은 채 슬픔을 해결하려고 노력한다면 슬픔의 과정이 방해를 받는다.

나는 애통이 하나님께로부터 오는 유익한 선물이라는 사실을 깨달았다. 이 여정을 통해 시편 13편을 사랑하게 되었다. 전에도 여러 번 읽었던 시편이지만 그 시편이 이제 나의 시편이 되었다. 이 시편은 내 안의 슬픔을 표현할 통로가 되어 주었다. 이 시편은 내 영혼을 고통과 절망의 도랑에서 꺼내 주었다. 나는 이 시편을 암송했다. 이 시편은 내 영혼뿐 아니라 고통 중에 있는 다른 사람들에게도 큰 도움이 되었다.

여호와여 어느 때까지니이까 나를 영원히 잊으시나이까 주의 얼굴을 나에게서 어느 때까지 숨기시겠나이까 나의 영혼이 번민하고 종일토록 마음에 근심하기를 어느 때까지 하오며 내 원수가 나를 치며 자랑하기를 어느 때까지 하리이까 여호와 내 하나님이여 나를 생각하사 응답하시고 나의 눈을 밝히소서 두렵건대 내가 사망의 잠을 잘까 하오며 두렵건대 나의 원수가 이르기를 내가 그를 이겼다 할까 하오며 내가 흔들릴 때에 나의 대적들이 기뻐할까 하나이다 나는 오직 주의 사랑을 의지하였사오니 나의 마음은 주의 구원을 기뻐하리이다 내가 여호와를 찬송하리니 이는 주께서 내게 은덕을 베푸심이로다(시 13:1-6).

이 애절한 노래에서 애통의 구속적인 가치를 보게 되었고, 왜 애통하는 자를 그토록 찾아보기 힘든가에 대한 궁금증이 일기 시작했다. 예를 들어, 많은 장례식장을 다녀봤지만 애통하는 소리는 좀처럼 듣기 힘들었다. 예배에서도 이상할 정도로 애통이 빠져 있었다. 교회에서는 주로 축하와 승리의 노래를 불렀다. 사람들에게 소망을 주는 것을 반대할 이유는 없지만, 나는 깊은 슬픔 속에서 고통으로 인한 영적 씨름을 갈망했다. 물론 축하와 위로는 전혀 잘못된 것이 아니다. 하지만 애통이 빠진 축하는 뭔가 불완전하게 느껴졌다.

그래서 나는 애통에 관해 이야기하기 시작했다. 장례 예배를 드릴 때 애통의 시간을 포함시켰다. 설교를 통해 교인들에게 애통에 관해 가르쳤다. 그 효과는 실로 놀라웠다. 진정한 애통을 배운 사람들은 슬픔의 그늘에서 쉽게 빠져나왔다. 내 삶과 목회 속에는 아파하는 사람들과의 대화로 가득했다. 나는 사람들이 슬픔과 영적 씨름을 거쳐 믿음으로 안내하는 애통의 힘을 발견하도록 돕기 시작했다. 사람들을 애통으로 이끌고 심지어 충분히 애통할 수 있도록 도와주자, 오히려 그들이 슬픔을 잘 극복하기 시작했다.

나는 이런 과정들을 통하여 시편이 아픔으로 신음하는 사람들에게 왜 그토록 큰 도움이 되는지를 분명히 알게 되었다. 애통이 하나님 은혜의 보고라는 사실을 깨달았고, 이렇게 좋은 보고를 열어 보는 이들이 그토록 적다는 사실에 안타까움을 느꼈다.

검은 구름 속의
깊은 긍휼

이 책의 목적은 크리스천으로 하여금 애통의 은혜를 발견하도록 돕는 것이다. 나는 이 책을 읽는 독자들에게 검은 구름 속에서 깊은 긍휼을 발견하라고 강권한다. '검은 구름 속의 깊은 긍휼'이라는 표현은 예레미야애가의 두 구절에서 얻은 것이다.

• 주께서 어찌 그리 진노하사 딸 시온을 구름으로 덮으셨

는가(애 2:1).

- 여호와의 인자와 긍휼이 무궁하시므로 우리가 진멸되지
  아니함이니이다(애 3:22).

인생에 검은 구름이 드리울 때 긍휼로 가는 통로로 애
통을 받아들이기를 바란다. 오랜 역사를 지닌 애통의 노래
는 우리의 고통을 표현하면서 하나님 중심의 예배와 믿음
으로 나아가게 해 준다. 애통은 냉혹한 현실과 하나님의 주
권에 대한 믿음이라는 두 기둥 사이에서 사는 법을 가르쳐
준다.

애통은 우리의 슬픔을 하나님 앞으로 가져가는 행위다.
애통이 없으면 고통에 의한 슬픔을 제대로 처리하는 법을
알지 못한다. 그래서 침묵과 원망, 심지어 분노가 우리의
영적 삶을 지배하게 된다. 애통이 없으면 사람들이 슬픔을
이길 수 있도록 돕지 못한다. 그래서 피상적인 해법을 제시
하거나 유명한 말들을 인용하거나 성마른 반응을 보이기
쉽다. 나아가, 이 성스러운 슬픔의 노래가 없다면 역사 속
의 애통들이 주는 교훈을 놓칠 수밖에 없다.

애통은 크리스천이 슬퍼하는 방식이다. 애통은 아파하
는 사람들을 돕기 위한 방법이다. 애통은 하나님과 세상에

대한 중요한 진리들을 배우는 과정이다. 내 개인적인 경험과 목회 경험에 의하면, 성경적인 애통은 정말 좋은 선물이다. 그러나 애석하게도 현시대의 크리스천들에게서는 좀처럼 볼 수가 없다.

점점 더 적대적으로 치닫는 망가진 세상에서 기독교가 이 애통의 노래를 무시하면 불균형적이고 제한된 소망만 제시할 수밖에 없다. 우리는 애통이라는 옛 관행, 그리고 거기서 오는 은혜를 회복해야만 한다. 애통이 없는 기독교는 쉽게 흔들릴 수밖에 없다.

애통의
여정

이 책은 애통의 여정을 그리고 있다. 4가지 애통의 시편과 이 주제에 초점을 맞춘 성경 곧 예레미야애가를 탐구할 것이다. 1부에서는 애통하는 '법'을 살펴보고 2부에서는 애통에서 무엇을 배울 수 있는가를 이야기하고자 한다. 마지막 3부에서는 개인적인 삶과 다른 사람들의 삶에서 함께 애통하며 살아가는 법을 살펴볼 것이다.

그때는 몰랐지만 실비아의 사산은 애통을 발견하기 위한 내 여행의 출발점이었다. 슬픔의 길에서 성경적인 슬픔의 언어를 향한 애정이 솟아났고, 점차 그 애정은 내 삶과 목회의 다른 영역으로까지 뻗어갔다.

"이건 절대 안 됩니다!" 두려움에 찬 이 기도는 하나님의 섭리 안에서의 애통과 거기서 비롯하는 은혜를 사랑하는 법을 배우는 긴 여정의 시작이었다. 어떤 상황에 있던 이 단조의 노래가 도움이 될 것이다. 나와 함께 이 여행을 떠나자. 애통의 은혜를 발견하면 깊은 어두움 가운데서 특별한 긍휼을 발견하게 된다.

Part 1

DARK
CLOUDS
**DEEP
MERCY**

하나님
앞에서
울다

상한 심령을 안고
하나님께로
향하다

(시 77편)

나의 환난 날에 내가 주를 찾았으며
밤에는 내 손을 들고 거두지 아니하였나니
내 영혼이 위로받기를 거절하였도다
내가 하나님을 기억하고 불안하여
근심하니 내 심령이 상하도다(시 77:2-3).

누가 당신에게 우는 법을 가르쳐 주었는가? 아무도 우는 법을 가르쳐 주지 않았을 것이다. 기억은 나지 않겠지만 당신이 따뜻하고 안전한 엄마의 배 속을 떠날 때 처음으로 낸 소리는 우렁찬 울음이었다.[1] 이는 폐부에서 터져 나온 저항의 울음이었다. 모든 인간의 출발점은 동일하다. 모든 인생은 눈물로 시작된다. 울음은 인간 존재의 일부다. 인간이라면 누구나 운다.

하지만 애통은 "울음"과 다르다. 성경적이고 솔직하고 구속적인 애통은 우리에게 전혀 자연스럽지 않다. 모든 애통은 기도이다. 애통은 믿음의 고백이다. 애통은 고통과 하나님의 선하심에 대한 약속 사이에서 씨름하는 상한 심령의 솔직한 울부짖음이다.

나만의 애가를
부르다

하나님의 긍휼과 구속과 주권에 대한 믿음은 애통을 낳는다. 하나님의 구원에 대한 소망과 그분의 전능하심에 대한 확신이 없다면 고통 중에 애통할 이유가 전혀 없다. 토드 빌링스(Todd Billings)는 저서 《슬픔 중에 기뻐하다》 (Rejoicing in Lament)에서 이 중요한 사실을 이해하는 데 도움을 준다. "시편 저자가 반복적으로 하나님께 애통해하고 간청하는 것은 다름 아닌 하나님이 주권적이시라는 믿음에서 비롯한 것이다. … 하나님이 전혀 신실하시지 않다고 판단했다면 계속해서 불평하지 않았을 것이다."[2]

따라서 애통은 믿음에 근거한다. 애통은 신학으로 가득한 기도다. 크리스천들은 망가진 세상 속에서도 하나님의 주권과 신실하심을 믿는다. 따라서 애통은 고통과 약속 사이에 위치해 있다. 그렇기 때문에 우는 것은 인간적이지만, 애통하는 것은 기독교적이다.

몇 해 전 교회 사역자들의 기도 모임을 인도한 적이 있었다. 나는 빙 둘러진 의자들 가운데에 빈 의자 하나를 놓았다. 모두가 찬양하고 기도하고 성경을 읽는 중에 나는 사람들에게 한 명씩 중앙의 의자로 나와 하나님께 애통의 기도를 드리라고 권했다. 우리는 그 전부터 온 교인이 애통에 대해 공부해 왔다. 이제 나는 이 애통의 노래를 실제로 불러보는 것이 좋겠다고 판단했다.

몇 분간 어색한 침묵이 흐른 뒤 한 용감한 아가씨가 중앙의 의자로 걸어 나왔다. 그녀는 작은 카드 한 장을 손에 꼭 쥐고서 한숨을 내쉬었다. 마음속에서 고통스러운 감정들이 소용돌이치는 것이 역력히 느껴졌다. 사역자로 섬기는 그녀의 남편도 재빨리 나와 그 옆에 무릎을 꿇었다. 곧 다른 이들도 따라 나와 부부의 어깨에 손을 얹었다. 이는 그들의 슬픔에 동참한다는, 단순하면서도 감동적인 행동이었다. 그 여성은 떨리는 음성으로 자신의 애가를 읽었다.

하나님, 어느 때까지입니까? 저를 영원히 잊으시렵니까? 저희에게서 자녀의 복을 언제까지 보류하실 겁니까? 저희가 얼마나 더 오래 부르짖어야 합니까? 저희의 품이 빈 채로 며칠, 몇 달, 아니 몇 년이 지나야 합니까? 저희가 흐느끼는 탓에 기뻐하는 이들과 함께 기뻐하기 힘든 세월을 얼마나 더 견뎌야 합니까? 하지만 저는 오직 주의 사랑을 의지하였사오니 저의 마음은 주의 구원을 기뻐하겠습니다. 하나님이 제게 은덕을 베푸셨으니 하나님을 찬송하겠습니다! 아버지, 감사합니다![3]

그녀는 이 짧은 기도를 통해 자신의 깊은 슬픔을 표현하는 동시에 믿음을 새롭게 고백했다. 그녀는 눈물을 흘리면서도 하나님의 은혜를 기억했다. 그녀는 흐느끼면서도 하나님의 신실하심을 믿었다. 그녀는 애통했다.

그녀의 기도가 끝나자 또 다른 사역자가 가운데 의자에 앉았다. "주님, 제가 다시 왔습니다. 이 의자가 싫지만 와야 한다는 것을 압니다. 저희 부부는 또 다른 입양을 갈망하고 있습니다. 기다리는 일이 너무 힘들지만 믿겠습니다."[4]

그 기도회에서 네 쌍의 부부가 아이 문제로 애통해 했다. 애통은 그들이 인내하는 동안 이미 아는 진리를 굳게 부여잡을 수 있게 해 주었다. 내가 이 책을 쓴 이유 중 하나는 고통이라는 불청객을 맞은 이들을 향한 사랑 때문이다. 예수님의 제자로서 나는 설명할 수 없는 상실을 경험했고, 그로 인해 혼란스러운 물음들과 씨름했다. 목사로서 나는 지독히 어두운 터널을 지나는 수많은 사람과 함께 눈물을 흘렸다. 모든 크리스천이 어떤 식으로든 고난과 곤경을 경험한다. 그런데 나는 애통하는 법을 배운 이들과 그렇지 못한 이들 사이의 차이점을 발견했다. 나는 애통이 영혼을 안정시킨다는 사실을 깨닫게 되었다. 고통과 애통을 좋아하는 사람은 이 세상 어디에도 없지만, 삶이 무너질 때 이 단조의 노래는 생명을 줄 수 있다.

상심에서 소망으로
향하는 출구를 찾다

시편과 예레미야애가를 탐구하기 전에 먼저 애통을 정의할 필요가 있다. 먼저 애통을 간략히 정의하고 나서 시편 77편에서 애통이 실제로 어떤 모습인지를 살펴보자.

애통은 사전적 의미로 큰 울음, 울부짖음, 슬픔의 강렬한 표출로 정의할 수 있다. 하지만 성경에서 애통(통곡)은 단순한 슬픔 혹은 슬픔에 대한 이야기가 아니다. 성경적인 애통은 단순히 슬픔의 단계들을 거치는 것 이상이다. 곧 애통은 믿음으로 이어지는 고통 중의 기도다.

성경 곳곳에서 애통은 고통 중에 신자가 느끼는 강한 감정들을 표현해 준다. 애통은 피어오르는 의심과 씨름하는 것이다. 대개 애통은 다음과 같은 질문을 던진다. 첫째, "하나님, 도대체 어디 계십니까?" 둘째, "하나님이 저를 사랑하신다면 왜 이런 일이 일어나는 겁니까?"[5] 때로는 개인들이 이런 질문을 던진다. 그런가 하면 공동체 전체가 이런 질문을 던지기도 한다. 전반적으로 힘든 상황으로 인한 애통도 있고, 남들의 잘못으로 인한 애통도 있다. 하나님 백성들의 악한 선택으로 인해 온 공동체가 애통하는 경우도 있다.

혹시 애통은 찬양의 반대라고 생각하는가? 전혀 그렇지 않다. 애통은 고통과 실망을 지나 찬양으로 가는 통로다.[6] 고통과 긍휼 사이의 틈에서 애통의 노래가 불려진다. 애통은 고통에서 하나님의 약속으로 향하는 길이라고 생각할 수 있다. 다시 말해, 애통은 상심에서 소망으로 가는 통로다.

고통 중에 눈을 들어
약속을 바라보다

성경 속에 등장하는 대부분의 애통은 한 가지 패턴이 있다. 하나님은 슬퍼하는 사람들에게 이 여정을 거치게 하신다. 이 여정은 주로 4가지 핵심 요소를 포함한다. 하나님을 부름, 불평, 요청, 믿음의 표현 혹은 찬양이다.[7] 이 책에서는 '향하다', '불평하다', '구하다', '믿다', 이렇게 네 개의 단어를 사용해서 애통하는 법을 배워 볼 것이다. 자, 이제 이 단계들이 무엇이며 어떻게 해야 하는지를 탐구하도록 하자.

애통의 각 단계는 소망으로 가는 길의 일부다. 부름의 단계에서는 기도로 마음을 하나님께로 향한다. 불평은 슬픔 이면의 이유들을 분명하고도 솔직하게 표현하는 것이다. 그 뒤에는 주로 하나님께 뭔가를 해 달라고 요청한다. 마지막으로, 거의 모든 애통이 새로워진 믿음과 찬양으로 끝맺음을 한다.

이 첫 장에서는 애통이 기도로 하나님께로 향하면서 시작된다는 점을 살펴볼 것이다. 믿음으로 하나님께 다가갈 때 은혜를 공급받는다. 애통은 괴로운 삶에서 눈을 들어 모든 상처의 구속자를 향하게 만든다. 애통은 여전히 고통 중에 있음에도 약속을 향하게 만든다. 시편과 함께 우리의 여행을 시작하자.

시편을 통해
애통을 배우다

시편은 애통으로 가득하다. 이것이 시편이 가장 사랑받는 성경 중 하나인 이유가 아닐까 싶다. 당신도 그렇지 않은가? 삶이 고통스러울 때 가장 먼저 펴게 되는 성경이 시편 아닌가? 사실 시편은 하나님의 언약 공동체를 위한 찬송가집이었다. 이 찬송가집에는 기쁨과 슬픔, 고통, 인생의 승리가 담겨 있다. 그런데 150편의 시편 중 3분의 1이 애통이라는 점에 주목할 필요성이 있다. 즉 애통은 시편 전체에서 가장 많은 부분을 차지하는 범주다.[8] 공동체의 애통에서 개인적인 애통, 회개 중심의 애통, (정의를 향한 강한 갈망을 표현하는) 저주의 애통까지 애통을 만나지 않고서는 시편을 읽을 수 없다.

시편은 3편 가운데 하나가 단조다. 생각해 보라. 이스라엘 공식 찬송가집의 3분의 1이 고통으로 인한 울부짖음이다. 하지만 우리의 찬송가집이나 찬양집에서는 애통을 찾아보기가 얼마나 힘든가. 이것은 흥미로우며 동시에 우려스러운 현상이다. 풍요롭고 안락한 삶, 승리주의가 우리의 찬양에 반영된 것은 아닐까? 우리가 애통을 낯설어하는 것이 크리스천의 고통에 대한 미묘한 오해 때문이 아닐까? 오해하지는 말라. 우리가 믿는 진리들을 축하하고 기뻐해야 하는 것은 너무도 당연하다. 하지만 현대 교회와 교인들이 기독교의 이 중요한 측면을 계속해서 놓친다면 장기적으로 어떤 결과가 따를지 심히 우려된다. 시편에 애통이 포함되어 있고, 꽤 많다는 사실, 그리고 애통의 메시지로 인해 우리는 이 성경적 슬픔의 노래 가치를 진지하게 따져봐야 한다. 애통이 성경에 포함된 데는 분명한 이유가 있다!

이 모든 사실을 종합해 보면, 이 단조의 노래는 하나님 백성의 삶에 있어서 매우 중요하다. 애통은 지극히 기독교적이다. 구속적이며, 그 안에 믿음이 가득하다. 이 책을 통해 애통의 은혜를 발견하기를 바란다. 이제 이런 배경 속에서 애통을 배우기 시작해 보자. 먼저 첫 번째 요소는 우리의 마음을 기도로 향하는 것이다.

시편 77편,
"계속 기도하라"

내가 첫 번째 시편으로 77편을 선택한 것은 애통과 하나님께로 향하는 것 사이의 연관성을 더없이 잘 보여 주기 때문이다. 이 시편은 고통 중에 우리의 마음을 하나님께로 향하는 것이 얼마나 아름다운지를 알려 준다. 시편 77편은 깊은 고통에 대한 솔직한 몸부림, 힘든 질문, 믿음의 결심, 성경적인 확신으로 가득하다. 애통하는 법을 배우려면 하나님과 소통해야 한다. 그러기 위해서는 반드시 기도해야 한다. 기도는 기본 중에 기본이지만, 우리는 여기서부터 출발해야 한다. 애통은 고통 중에 하나님께로 향하는 것으로부터 시작된다. 구체적으로 한번 살펴보자.

애통의 기도는 믿음을 필요로 한다

내가 내 음성으로 하나님께 부르짖으리니 내 음성으로 하나님께 부르짖으면 내게 귀를 기울이시리로다 나의 환난 날에 내가 주를 찾았으며 밤에는 내 손을 들고 거두지 아니하였나니 내 영혼이 위로받기를 거절하였도다(시 77:1-2).

이 애통의 첫머리인 "내가 음성으로 하나님께 부르짖으리니"라는 말씀은 본문의 어조를 결정한다. 시편 저자는 고통 중에 있지만 가만히 있지 않았다. 그는 단순히 하나님께 이야기하거나 불평하거나 하소연하지 않고 기도로 울부짖었다.

기도에 관한 여러 참고 문헌들이 이 두 구절의 순서를 다음과 같이 정리한다. "내게 귀를 기울이시리로다"(1절 후반부). "나의 환난 날에 내가 주를 찾았으며"(2절 전반부). "밤에는 내 손을 들고 거두지 아니하였나니"(2절 후반부).

시편 저자는 고통 중에서도 하나님 앞에 나아간다. 이러한 태도를 간과하지도, 당연하게 여기지도 말아야 한다. 고통을 대하는 이 태도는 매우 중요하다. 어쩌면 이 자세가 당신을 이 책을 집어 읽도록 이끌었을지도 모른다.

애통의 기도를 하려면 믿음이 필요하다. 고통 중의 기도는 비록 의심과 의문이 가득하여도, 분명한 믿음의 행위다. 이는 우리의 마음을 하나님께 여는 것이다. 애통의 기도는 침묵보다 낫다. 하지만 내가 볼 때 많은 사람이 애통하기를 두려워한다. 애통이 너무 노골적이고 위험하다고 생각하기 때문이다. 하지만 애통보다 훨씬 더 나쁜 것은 조용한 절망이다. 하나님께 아무런 말도 하지 않는 것이야말로 불신의 궁극적인 증거다. 절망은 하나님이 나에게 아무런 신경도 쓰지 않고 나의 말을 전혀 듣지 않으시며 아무런 변화도 나타나지 않을 것이라는 포기의 자세다. 이렇게 하나님을 포기한 사람들은 더 이상 기도하지 않는다.

하지만 애통은 기도로 우리의 상처와 의문과 의심을 표현하면서 그 감정들을 하나님께로 향하게 한다. 애통 가운데 기도하는 것은 믿음의 가장 강력한 표현 중 하나다.[9] 필라델피아에서 32년간 텐스장로교회(Tenth Presbyterian Church)를 목회한 제임스 몽고메리 보이스(James Montgomery Boice)는 영적 질문들을 쏟아내는 기도의 영적 가치를 다음과 같이 말했다.

질문을 하지 않는 것보다 하는 것이 낫다. 왜냐하면 질문을 하면 문제를 분명히 알게 되고, 옳고 긍정적인 반응으로 나아갈 수 있기 때문이다. 알렉산더 맥클라렌(Alexander Maclaren)은 이렇게 말했다. "의심의 안개가 마음속에서 흩어지고 흐릿해지게 놔두는 것보다 분명하게 표현하는 것이 낫다. 좋은 생각이든 나쁜 생각이든 생각이 분명할 때 다룰 수 있기 때문이다."[10]

자신의 고통을 하나님께 아뢰기를 멈춘 크리스천들이 얼마나 많은지 모른다. 응답되지 않은 기도에 실망하거나 통제 불능의 상황에 좌절한 이들은 영적 사막에 갇혀 하나님과의 대화를 거부한다. 이러한 침묵은 영혼을 갉아먹고, 죽게 만든다.

하나님 앞에서 침묵하고 있는가? 단순히 무슨 말을 해야 할지 몰라 입을 꾹 닫은 것인가? 어떤 문제나 고통에 대해서는 하나님께 알리기를 거부하고 있는가? 그 이야기를 꺼내는 일이 너무 고통스러운가? 이 책을 통해 하나님과 대화할 용기, 기도할 용기를 얻기를 간절히 바란다. 슬픔 중에 신음하고 있는 친구가 있는가? 그 친구의 기도가 거북하게 느껴지는가? 눈살이 찌푸려지는가? 하지만 그 기도를 성급히 판단하고 제지하기 전에 그 친구가 기도하고 있다는 사실을 기억하라. 기도가 고통의 문제를 해결할 수 있는 출발점이다. 애통의 기도는 믿음을 필요로 한다.

나의 고통에 대해 기도하라

하지만 고통 중에 기도한다고 해서 감정적인 고통이 즉시 잠잠해지는 것은 아니다. 시편 저자의 기도에서는 긴장이 지속된다.

> … 내 영혼이 위로받기를 거절하였도다 내가 하나님을 기억하고 불안하여 근심하니 내 심령이 상하도다 (셀라) 주께서 내가 눈을 붙이지 못하게 하시니 내가 괴로워 말할 수 없나이다(시 77:2-4).

본문에서 시편 저자는 기도하고 있다. 하지만 그 기도가 당장 위안이나 해결로 이어지지 않는다. 그의 기도는 '응답되지 않고' 있다. 그럼에도 그는 기도를 멈추지 않는다.

애통이 항상 즉각적인 해결로 이어지지 않는다는 점을 알아야 한다. 애통한다고 해서 반드시 곧 혹은 적시에 응답이 찾아오는 것이 아니다. 슬픔은 길들여지지 않는다. 애통은 단순한 공식이 아니다. 애통은 '언젠가' 하나님이 응답하시고 회복시키실 것이라는 믿음을 표현하는 노래다. 애통은 힘겨운 삶 속에서도 기도를 멈추지 않는 것이다.

고통 속에서 솔직하고 겸허한 의문을 던지다

고통스러운 상황은 크고 답하기 어려운 의문들을 일으킨다. 시편 저자는 하나님이 더 이상 역사하시지 않는 이유와 씨름하고 있다. 그는 먼저 "옛날 곧 지나간 세월을 생각"하고 "밤에 부른 노래를 기억"하며 깊이 고민하고 있다 (77:5-6).

이 고통스러운 고민은 6개의 날카로운 수사의문으로 이어진다.

1. "주께서 영원히 버리실까?"(7절)
2. "다시는 은혜를 베풀지 아니하실까?"(7절)
3. "그의 인자하심은 영원히 끝났는가?"(8절)
4. "그의 약속하심도 영구히 폐하였는가?"(8절)
5. "하나님이 그가 베푸실 은혜를 잊으셨는가?"(9절)
6. "노하심으로 그가 베푸실 긍휼을 그치셨는가?"(9절)

시편 저자는 하나님이 사랑이 없으시고, 약속을 지키지

않으시며, 신실한 분이 아니라고 믿는 것일까? 만약 이 시편의 남은 부분을 본 사람이라면 이 의견에 동의하지 않을 것이다. 대신 시편 저자는 여기서 아주 중요한 '무엇인가를' 하고 있다. 이 솔직한 기도를 통해 시편의 저자는 고통 속에서 우리가 사실이 아닌 것을 사실처럼 느낄 수 있음을 알려 주고 있다.

고통 속에서 던지는 솔직하고 겸허한 질문들은 그리스도를 따르는 삶의 일부다. 이 문제는 다음 장에서 불평에 관해 탐구할 때 자세히 살펴보자. 지금은 애통이 고통 중에 겸손히 마음을 하나님께로 향하는 행동임을 정확히 알고 넘어가자. 그렇다. 하나님 앞에서 고통스러운 질문을 던지려면 믿음이 필요하다. 누구나 울 수 있지만 누구나 애통하지는 않는다. 애통을 통해 하나님께로 마음을 향하려면 믿음이 필요하다.

애통은 삶의 변화를 이룬다

애통은 개인적인 슬픔과 고통스러운 질문들을 통해 우리의 영혼을 굳게 붙잡아 진리로 이끌어 준다. 시편 77편 11절에서는 중요한 단어가 반복되고 있다. 바로 "기억하다"라는 단어다.

또 내가 말하기를 이는 나의 잘못이라 지존자의 오른손의 해 곧 여호와의 일들을 기억하며 주께서 옛적에 행하신 기이한 일을 기억하리이다 또 주의 모든 일을 작은 소리로 읊조리며 주의 행사를 낮은 소리로 되뇌이리이다(시 77:10-12).

본문에서 애통의 기도는 문제 해결로 연결된다. 고통과 의문 속에서도 이미 알고 있는 진리를 기억해야 할 때가 온다. 10절에서는 전환점을 맞아 하나님의 강력한 구원에 관한 역사에 호소한다. 중요한 구절들이 이 역사와 연결되어 있다.

- 내가 말하기를 … 지존자의 오른손의 해(10절).
- 여호와의 일들을 기억하며(11절).
- 주께서 옛적에 행하신 기이한 일을 기억하리이다(11절).
- 주의 모든 일을 작은 소리로 읊조리며 주의 행사를 낮은 소리로 되뇌이리이다(12절).

시편 저자는 하나님이 과거에 행하신 역사들을 돌아보고 있다. 이제 그의 초점이 하나님이 지난 역사에서 행하신 일에서 하나님의 성품으로 이동한다. "하나님이여 주의 도는 극히 거룩하시오니 하나님과 같이 위대하신 신이 누구오니이까"(13절). 13절의 질문이 이전의 6개의 질문과 얼마나 다른가. 이 구절은 중요한 전환점이다. 솔직한 질문들을 통해 확신과 믿음으로 한 발 내딛었기 때문에 이제 이 애통은 하나님 은혜로 가득 채워진다.

이 책은 당신이 이 변화를 이해하고 자신의 삶 속에서도 가능하도록 돕는 것에 목적을 두고 있다. 이번 장에서 나는 하나님이 진정으로 선하시다고 믿을 때만 애통이 가능함을 말하고 있다. 고통스러운 상황의 한복판에서 하나님의 성품(주권, 선하심, 사랑)은 새로운 긴장감을 일으킨다.

애통은 삶의 냉엄한 현실과 하나님의 선하심이라는 두 기둥 사이에서 사는 법을 배우는 일이다. 애통은 눈앞의 상황이 감당할 수 없을 만큼 힘든 순간에 하나님이 과거 행하신 신실한 역사를 기억하는 일이다. 고통 중에서도 애통은 우리가 믿고 있는 것들을 기억나게 해 준다.

고통 속에서 우리는 슬퍼해도 좋지만, 크리스천이라면 목적 없이 혹은 이기적으로 슬퍼해서만은 안 된다. 애통이라는 성경적인 언어는 어두운 골짜기를 지날 때도 우리를 진리의 길로 다시 안내한다. 그런 의미에서 개인적인 애통과 공동체적인 애통이 지금보다 훨씬 많아지길 바란다. 너무도 많은 크리스천들이 애통을 배워야 한다. 애통을 통해 생각의 전환을 이루어야 한다. 나는 애통이 사람들의 삶 속에서 이룰 수 있는 변화를 본 후 애통을 사랑하게 되었다.

결정적 순간을 떠올리다

시편 77편은 이스라엘 백성들과 하나님의 관계를 정립한 결정적인 순간으로 끝맺음한다. 바로 출애굽의 순간이다. 시편 저자는 하나님이 자신의 신실하심과 사랑을 증명해 보이신 이 역사적인 순간을 기억하고 있다.

하나님이여 물들이 주를 보았나이다 물들이 주를 보고 두려워하며 깊음도 진동하였고 … 주의 길이 바다에 있었고 주의 곧은길이 큰물에 있었으나 주의 발자취를 알 수 없었나이다 주의 백성을 양 떼 같이 모세와 아론의 손으로 인도하셨나이다(시 77:16, 19-20).

무슨 일이 벌어지고 있는지 알겠는가? 시편 저자는 자신의 의문과 고통스러운 마음을 이스라엘 역사상 가장 위대한 구속의 사건으로 이해하려고 한다. 그는 이 사건을 통해 하나님의 성품을 배우고 있다. 출애굽 사건은 그의 지친 영혼을 위한 닻이 되어 주었다.

마찬가지로 크리스천들에게도 궁극적인 구원이 발견되는 결정적 사건이 있다. 바로 그리스도의 십자가다. 우리는 모든 의문과 상심, 고통을 십자가 앞에 가져가야 한다. 십자가는 하나님께서 우리를 적대시하는 것이 아니라 위하신다는 사실을 증명해 보이신 사건이다. 사도 바울은 그 무엇도 우리를 하나님의 사랑에서 떼어 놓을 수 없다는 약속을 선포하기 전에 애통의 시편 44편을 인용한다.

기록된 바 우리가 종일 주를 위하여 죽임을 당하게 되며 도살당할 양 같이 여김을 받았나이다 함과 같으니라 그러나 이 모든 일에 우리를 사랑하시는 이로 말미암아 우리가 넉넉히 이기느니라 내가 확신하노니 사망이나 생명이나 천사들이나 권세자들이나 현재 일이나 장래 일이나 능력이나 높음이나 깊음이나 다른 어떤 피조물이라도 우리를 우리 주 그리스도 예수 안에 있는 하나님의 사랑에서 끊을 수 없으리라(롬 8:36-39).

크리스천에게 주신 하나님의 약속은 깊고도 영광스럽다. 예수님은 모든 것을 회복시킬 권리를 자신의 피로 사셨다. 우리가 "종일 죽임을" 당해도 혹은 "도살당할 양 같이" 되어도, 그 어떤 슬픈 일이나, 실망스러운 일, 질병, 배신, 심지어 죽음을 당해도 하나님의 사랑에서 끊어질 수 없다. 애통의 기도는 이 진리를 눈물로 축하하는 행동이다.

애통의 문을 열어
믿음으로 가는 길을 보다

이제 애통이 얼마나 기독교적인 것인지 알았는가? 고통 중에 기도하려면 반드시 믿음이 필요하다. 믿음은 까다로운 의문들을 일으키며, 애통은 상한 마음을 진리로 다시 향하게 해 준다. 이렇게 되려면 억지로라도 기도해야 한다. 하나님을 향한 침묵 시위를 끝내야 한다. 깊은 좌절과 실망은 하나님과의 대화를 단절하지만, 빨리 그 순간을 털고 일어나 기도할 때 고통을 해결할 수 있다.

애통은 문을 열어 믿음으로 가는 길을 보여 준다. 가슴에서 터져 나오는 애통의 울부짖음은 대개 짧거나 두서가 없다. 좀 억지스럽고 불편하게 느껴질 수도 있다. 하지만 계속해서 하나님과 대화를 시도하라. 두려움이나 절망으로 인해, 혹은 지금까지 기도하지 못했다고 해서 침묵하고 있지 말라. 당신은 은혜 받을 기회를 놓치고 있다! 애통을 우리의 새로운 언어로 삼을 때 고통이 하나님께로 가는 통로가 될 수 있다.

할 말이 떠오르지 않으면 애통의 시편 중 하나를 큰 목소리로 읽어도 좋다.[11] 그 시편을 반복해서 읽으라. 그 시편을 통해 닫힌 마음을 활짝 열라. 애통이 당신의 삶 속에서 작용하게 하라. 나아가, 애통의 다른 측면들도 경험하라. 무엇을 하든 하나님께 이야기하는 것을 멈추지 말라. 계속해서 씨름하라. 계속해서 고민하라. 계속해서 기도하라.

누구도 우리에게 우는 법을 가르쳐 주지 않았다. 눈물은 인간 삶의 뗄 수 없는 일부다. 하지만 애통은 그 무엇보다도 기독교적인 행동이다. 애통은 고단한 삶과 하나님의 선하심 사이를 여행하는 자들이 드리는 믿음의 기도다. 우리는 애통하는 법을 배워야 한다. 애통의 첫 단계는 기도로 마음을 하나님께로 향하는 것이다.

아픔을 숨기는 대신
주님 앞에
슬픔을 쏟아 놓다
(시 10편)

여호와여 어찌하여 멀리 서시며
어찌하여 환난 때에
숨으시나이까(시 10:1).

"하나님, 아닌 줄 알지만, 오늘은 유독 당신이 인색하게 느껴집니다."

병원을 나와 주차장에 도착한 아내는 겨우 입을 열어 퉁명스러운 말투로 기도했다. 우리는 망연자실한 상태였다. 이 슬픔이 지독히 잔인하게 느껴졌다.

과거 우리는 이 병원에서 실비아의 죽음을 확인했었다. 그 뒤로 2년간 여러 번의 유산을 겪었고, 시간이 꽤 흘렀다. 조심스럽게 희망이란 단어를 떠올렸다. 의사는 아내의 배 속에 자리한 새생명을 확인하기 위해 초음파 검사를 해 보자고 했다. 우리는 한시라도 빨리 작은 심장의 두근거림을 보고 싶었다. 이번만큼은 좋은 결과를 기대했다. 하지만 결국 우리에게는 고통만 가중되었다.

초음파실은 너무도 익숙했다. 실비아의 죽음을 확인했던 것과 같은 방이었다. 태아의 상태를 살피는 의사의 얼굴에 순간 걱정의 빛이 떠올랐다. 아내는 그 표정을 놓치지 않고 고개를 들어올렸다. "무슨 일이죠?" 나는 아내가 과민 반응을 보인다고 생각해서 안심시키려고 했다. 하지만 순간, 나도 의사의 표정을 보고 뭔가 잘못되었음을 직감했다.

"어떻게 말씀드려야 할지 모르겠지만 배 속에는 아기가 없습니다. 호르몬 수치가 정상입니다. 아기집은 있는데 아

기는 없습니다. 이런 걸 고사난자라고 합니다. 계류유산입
니다." 아내의 고개가 뒤로 젖혀졌다. 그리고 아내의 흐느
낌이 들렸다.

우리는 망연자실한 표정으로 병원을 나왔다. 차에 탄
뒤 아무런 말도 없었다. 기도해야 했지만, 이런 순간에는
무슨 기도를 해야 할지 난처했다. 그때는 이해할 수 없었지
만 아내가 드린 기도는 애통을 연구하다보면 발견하게 되
는 기도였다. 아내가 드린 기도는 바로 '불평'이었다. 그것
은 하나님을 향한 솔직하고도 고통스러운 대화였다. 애통
의 궁휼을 경험하려면 불평하는 법을 배워야 한다.

새로운 길을 제시해 주는
성경적 불평

기도로 마음을 하나님께로 향하는 첫 단계를 밟았다면,
다음 단계는 불평을 그분 앞에 가져가는 것이다. 여기에는
'긴장'이 존재한다. 필시 이 긴장을 이미 느끼고 있으리라
생각한다. 그렇다. '불평'은 그리 긍정적인 단어가 아니다.
우리는 불평꾼을 좋아하지 않는다. 불평은 만족하거나 감

사해야 할 상황에 대한 그릇된 반응처럼 보이기 때문이다. 하지만 불평이 항상 잘못된 것일까? 그렇지 않다.

애통의 시편들을 읽어 보면 다양한 형태의 불평이 많다는 사실을 발견하게 된다. 슬픔과 두려움, 좌절, 심지어 혼란의 표현도 볼 수 있다. 다시 말해, 성경은 불평으로 가득하다. 그리고 그 불평들은 전혀 악하지 않다. 온 회중이 좌절감을 표현하기 위해 불평을 노래로 사용했다. 오해하지는 말라. 삶이 뜻대로 풀리지 않는다고 해서 하나님께 이기적인 분노를 발하는 것은 옳지 않다. 우리가 하나님께 화를 낼 권리가 있다는 말이 아니다. 그런 분노는 무조건 잘못된 것이라고 생각한다.

하지만 성경적인 불평의 자리가 존재한다고 생각한다. 사실 불평은 애통에 있어 매우 중요한 역할을 한다. 토드 빌링스(Todd Billings)는 이렇게 설명한다. "시편에서 애통과 불평을 쓴 기자들은 주로 하나님께 항의한다. 그들은 주로 하나님의 약속을 언급하면서 하나님이 그 약속을 잊으신 것 같다고 불평한다. 그들은 하나님이 하신 약속을 상기시킨다."[1]

불평이 없으면 애통도 없다. 하지만 경건한 불평이라는 개념을 생소하게 여기는 크리스천들이 많다. 이것이 크리스천이 애통을 반드시 배워야 하는 이유 중 하나다.

내가 아는 많은 사람이 고통 앞에서 두 가지 반응 중 하나를 보인다. 분노와 현실 부정이 그것이다. 어떤 이들은 하나님을 향한 지독한 분노에 휩싸여서 남은 평생을 스스로가 만든 절망과 원망의 감옥에 갇혀 산다. 그들의 고통은 분노의 수준까지 치솟아 있다. 그들의 영적 삶은 전과는 완전히 다르다. 정도가 더 심해지면, 고통이 불신으로 치달아 기독교를 완전히 거부하기에 이를 수도 있다.

그런가 하면 경건이 새로운 형태의 금욕을 의미한다고 믿는 이들도 있다. 그들은 부인에 가까운 만족을 추구한다. "다 괜찮다." 하지만 속으로는 괜찮지 않다는 것을 안다. 나는 고통 중에 분노의 절벽에 서 있거나 고통을 숨긴 채 현실 부정의 동굴에서 사는 사람들을 많이 보았다.

그런데 성경적인 애통은 새로운 길을 제시한다. 경건한 불평을 통해 우리는 실망감을 표현한 뒤에 해결로 나아갈 수 있다. 우리는 하나님이 어떤 분이시며 무엇을 하실 수 있는지에 대한 믿음을 근거로 불평한다. 1장에서 말했듯이 이 책은 우는 것과 애통을 구분하는 것에 전제를 둔다. 우는 것은 인간적인 반면, 애통하는 것은 기독교적이라고 강조했다. 애통은 하나님이 어떤 분이신지 알고 그분을 믿는 자들이 고통을 다루는 방식이다. 하나님은 선하시지만 우리 인생은 험난하다. 그래서 불평할 수밖에 없다. 스테이시 글레디스미스(Stacy Gleddiesmith)는 이에 대해 유용한 설명을 제시한다.

애통은 고통스럽거나 잘못되거나 부당한 상황, 다시 말해 하나님의 성품과 일치하지 않아서 하나님의 나라에 어울리지 않는 상황을 솔직하고도 분명하게 지적하는 것이다.[2]

애통은 하나님의 주권을 믿지만 비극이 가득한 세상에서 사는 사람들의 언어다. 이번 장을 쓰는 동안 나는 심장마비로 세상을 떠난 한 귀한 남성의 장례식에 참여했고, 골수암과 싸우는 10대를 심방했으며, 강간범을 법정에서 마주쳐야 하는 여성을 위해 기도했고, 유방암에 걸린 임산부를 위해 하나님께 간구했으며, 자신을 죽이려는 아버지로 인해 괴로워하는 젊은 여성을 위해 기도했다. 그들은 모두 하나님이 만사를 다스리신다고 믿지만 삶의 어려움을 지나고 있었다.

그들의 삶이 힘든 이유 중 하나는 성경의 약속들을 믿기 때문이다. 그들은 눈물 가운데서도 그 약속들을 믿으려고 애쓰고 있다. 이것이 내 아내가 눈물을 흘리며 불평한 이유다. 아내는 하나님의 선하심을 전적으로 믿었다. 하지만 사산과 여러 번의 유산은 너무도 잔인했다. 그래서 아내는 하나님께 경건한 불평을 표현했다.

시편 10편,
불평하기 시작하라

애통하는 법을 이해하고 그 안의 은혜를 발견하려면 옳은 방식으로 불평하는 법을 배워야 한다. 애통을 배우는 과정의 두 번째 단계를 밟기 위해서 시편 10편을 비롯한 몇 가지 사례를 살펴보자. 이 시편은 두 개의 강한 불평으로 시작된다.

여호와여 어찌하여 멀리 서시며 어찌하여 환난 때에 숨으시나이까(시 10:1).

해결되지 않은 악과 불의의 문제가 이 시편의 주제다. 이 시편이 쓰인 구체적인 배경은 알 수 없다. 어떤 애통의 시편들은 국가적인 위기로 인해 쓰였다. 개인적인 문제로 인해 쓰인 애통의 시편들도 있다.

이 시편 저자는 불의로 인하여 괴로워하고 있을 뿐 아니라 그 불의에 개입하시지 않는 하나님으로 인해 번민하고 있다.

애통의 질문들을 쏟아내다

여호와여 어찌하여 멀리 서시며(시 10:1).

시편 저자는 하나님이 눈앞의 상황에서 너무 멀리 떨어져 계신 것 같아서 깊이 고뇌하고 있다. 여기서 "여호와"는 하나님의 신성하고도 강력한 이름이다. 여호와는 "스스로 있는 자"를 의미한다. 하나님은 불타는 떨기나무에서 모세에게 이 이름을 알려 주셨다. "너는 이스라엘 자손에게 이같이 이르기를 스스로 있는 자가 나를 너희에게 보내셨다 하라"(출 3:14).

'여호와'는 자기 백성을 지구상에서 가장 강력한 제국의 손에서 구하신 하나님의 이름이었다. 이 하나님은 애굽의 우상숭배자들에게 10가지 재앙을 내려 그 거짓 신들을 조롱하신 분이다. 이 하나님은 광야에서 이스라엘 백성들을 이끌고 장막 안에 거하신 분이다. 이 하나님은 백성들을 옹호하시고 구원하신 분이다. 여호와는 구원자시다. 그분은 홍해를 가르셨다. 그분은 노예였던 이스라엘을 해방시키신 분이다(출 20:1-2).

하지만 본문의 시편 저자에게 하나님은 "멀리 서" 계신 것만 같았다. 이 언어 표현을 묵상해 보라. 곤경에 처한 이스라엘 백성은 하나님이 멀리 있다고만 느껴졌을 것이다. 시편 저자는 하나님이 더 이상 돕지 않으실 것이라는 두려움에 빠져 있다.

이런 기분을 느껴 본 적이 있는가? 언제 그랬는가? 필시 당신은 힘든 상황으로 인한 고통뿐 아니라 하나님이 멀게 느껴질 때의 고통도 알 것이다. 모든 신자가 인생의 어느 시점에서는 이런 기분을 느껴 본 적이 있으리라 생각한다. 애통의 시편은 이런 감정을 그릇되거나 악한 것으로 치부해서는 안 된다는 점을 가르쳐 준다. 이런 감정은 우리 인생 여정의 일부이기 때문이다. 이런 감정은 진정한 믿음의 한 측면이다.

두 번째 질문은 더더욱 통렬하다. "어찌하여 환난 때에 숨으시나이까"(시 10:1). 이 불평은 고의적인 무관심에 대한 항의다. 시편 저자는 하나님이 멀리 떨어져 계신 것이 아니라 아예 숨어 계신 것처럼 느끼고 있다. "숨다"는 비밀스러운 언어다. 감추어져 있다는 뜻이다. 하지만 보다 감정적인 의미도 갖고 있다. 이를테면 '손을 떼다', '모른 체하다', '속이다'라는 뜻도 있다.[3]

불편한 감정이 들지 않는가? 시편 저자는 사실상 하나님이 하나님처럼 느껴지지 않는다고 말하고 있다. 이 말을 듣고도 불편한 감정이 들지 않는다면 이 말의 의미를 제대로 이해하지 못하고 있는 것이다. 본문의 시편 저자는 단순히 자신의 고통 때문이 아니라 하나님으로 인해 괴로워하고 있다. 불의도 불의지만 하나님의 개입이 없는 상황으로 인해 더 고통스러워한다. 그래서 불평이 터져 나온다.

애통의 이 두 번째 단계가 도움이 되는 이유는 우리에게 익숙한 부분을 건드리기 때문이다. 누구나 삶이 불공평하다는 사실에 동의한다. 누군가에게 해를 입은 적이 있는가? 사람들이 부당한 대우를 받는 모습을 본 적이 있는가? 그것만으로도 충분히 고통스럽다. 그런데 우리를 더 괴롭게 만드는 것은 가해자가 아무런 벌도 받지 않고 잘 살아가고 있다는 사실이다. 악인에게 대가가 따르지 않거나 해결되지 않는 상황은 우리를 숨 막히게 만든다.

불평은 답답한 의문들을 표현하는 것이다. 인생은 온갖 고통으로 가득하다. 고통은 다양한 형태로 찾아온다. 크기와 상관없이 모든 슬픔이 애통을 자아낸다. 이루어지지 않은 갈망, 외로움, 아픈 몸, 부당한 상사는 우리를 슬프게 만든다. 실직, 재정적인 어려움, 약혼 파기, 지속적인 부부 싸움도 슬픔을 일으킨다. 불임, 암, 입양 실패, 배우자의 불륜, 제멋대로인 자녀의 무게로 인해 우리의 마음이 신음한다. 인생을 오래 살수록 더 많은 고통을 경험한다. 그때 하나님이 개입하시기도 하지만 개입하지 않으실 때도 많다. 아니, 그럴 때가 더 많다. 그때 불평이 나올 수밖에 없다.

이 번민을 표현한 시편은 10편만이 아니다. 다른 시편들에서도 비슷한 불평을 볼 수 있다. 그리고 이 불평은 질문의 형태로 나타날 때가 많다. 그중 "왜?"라는 질문의 예를 몇 가지 보자.

- 내 하나님이여 내 하나님이여 어찌 나를 버리셨나이까 어찌 나를 멀리 하여 돕지 아니하시오며…(시 22:1).
- 주여 깨소서 어찌하여 주무시나이까 … 어찌하여 … 우리의 고난과 압제를 잊으시나이까(시 44:23-24).
- 주께서 어찌하여 그(예루살렘의) 담을 허시사…(시

80:12).

• 여호와여 어찌하여 나의 영혼을 버리시며…(시 88:14).

이 외에 "언제까지?"에 관한 질문도 많이 찾아볼 수 있다.

• 여호와여 어느 때까지니이까 나를 영원히 잊으시나이까
주의 얼굴을 나에게서 어느 때까지 숨기시겠나이까 …
내 원수가 나를 치며 자랑하기를 어느 때까지 하리이까
(시 13:1-2).

• 주여 어느 때까지 관망하시려 하나이까(시 35:17).

• 하나님이여 대적이 언제까지 비방하겠으며 원수가 주의
이름을 영원히 능욕하리이까(시 74:10).

• 여호와여 악인이 언제까지, 악인이 언제까지 개가를 부
르리이까(시 94:3).

• 우리가 이방 땅에서 어찌 여호와의 노래를 부를까(시
137:4).

시편을 읽다 보면 "언제까지"와 관련된 질문들이 눈에
들어오기 시작한다. 이 고통스러운 질문들은 성경에 있었
지만 우리가 간과하기 쉬운 것들이었다. 그만큼 우리는 하

나님 앞에 질문을 내놓는 것이 얼마나 중요한지를 이해하지 못하고 있다. 그것은 아마도 그런 질문이 허용되지 않는다고 생각하기 때문일 것이다. 마이클 진킨스(Michael Jinkins)는 *In the House of the Lord*(여호와의 집에서)에서 하나님이 우리의 고통을 다루실 수 있다는 점을 일깨워 준다.

애통의 시편들은 우리의 고통과 신세한탄, 비난, 두려움을 들을 뿐 아니라 다루실 수 있는 하나님의 위대하심을 향해 우리의 마음을 열어 준다. 하나님은 우리의 분노, 압제와 핍박, 폭정에 대한 우리의 환멸, 극심한 소외와 타향살이로 인해 그분께 버림을 받은 느낌에 반응하실 수 있는 분이다.[4]

이 시편들은 우리의 고통을 표현하는 것, 심지어 하나님께 표현하는 것도 허용한다. 몇 년 전 우리 교회에서 애통의 시편으로 설교한 적이 있다. 설교 후 한 남자가 나를 찾아왔다. 이야기를 나눠 보니 그는 평생 동성애에 빠져 살고 있었다. 여러 곳에서 상담을 받았지만 소용이 없었다. 그가 볼 때 상담자들은 좋은 뜻에서 말했지만 기껏해야 행동의 변화만을 권유했다. 하지만 그것은 언제나 일시적인 해결책에 불과했다. 그는 금세 악한 행동으로 되돌아가기를 반복했다.

그에게 왜 나와 만나기를 원했는지 물어보자, 그는 애통의 시편이 마치 자신의 일기장에서 꺼낸 글처럼 보였다고 말했다. 그는 하나님이 자신을 잊으신 것처럼 느끼고 있었다. 그는 하나님이 어릴 적의 고통스러운 일들을 허락하신 이유를 몰라 번민했다. 그의 마음에는 부모를 향한 분노가 가득했다. 그는 하나님이 멀리 계신 것처럼 느끼고 있었다. 그에게는 동성애만이 아니라 하나님을 향한 분노가 더 큰 문제였다.

그의 눈을 똑바로 보며 이렇게 말해 준 기억이 난다. "이번 주일에 살펴본 시편이 선생님을 위해 쓰인 것만 같군요. 다만 선생님은 이 본문을 제대로 살펴보지 않은 것 같습니다."

나는 몇 달간 성경을 암송하고 공부하면서(그가 전에도 시도해 본 일) 자신의 감정을 정확히 하나님께 말하길 권했다. 나는 불평을 해 보라고 강권했다. 고통과 의문, 문제를 하나님 앞으로 가져가라고 말했다. 하나님이 그의 혼란스러운 생각을 다루실 수 있으며, 이미 알고 계신다는 사실을 그가 깨닫기를 바랐다. 하나님께 그의 의문들은 전혀 새로운 것이 아니었다.

점점 이 형제의 삶에서 어두움이 가시기 시작했다. 동성애 성향이 완전히 사라진 것은 아니지만 하나님께 버림받았다는 생각은 눈에 띄게 사라졌다. 애통으로 마음을 쏟아내자 하나님을 향해 마음이 열렸고, 그로 인해 치유의 은혜가 그의 삶에 임했다. 한때 하나님과의 사이에 담을 만들었던 고통스러운 질문들이 이제 그의 마음을 변화시킬 수 있는 분께로 더 가까이 다가가기 위한 통로가 되었다. 애통의 질문들이 그의 삶 속에서 하나님의 회복 역사가 시작되기 위한 계기가 되었다. 그는 변하기 시작했다. 불평은 그 여정의 일부였다.

좌절감을 신속히 표출하다

하나님께 질문을 던지는 것이 성경적인 불평의 유일한 측면은 아니다. 시편 10편은 하나님께 좌절감을 표현해야 할 필요성도 보여 주고 있다. 자신의 고통을 구체적으로 표현하는 것이 옳고 또 유익하다. 시편 10편에서 이 점을 분명히 확인할 수 있다. 시편 저자가 불평하는 원인을 보자.

- 악한 자가 교만하여 가련한 자를 심히 압박하오니(2절).
- 악인은 그의 마음의 욕심을 자랑하며(3절).

- 탐욕을 부리는 자는 여호와를 배반하여 멸시하나이다(3절).
- 악인은 그의 교만한 얼굴로 말하기를 여호와께서 이를 감찰하지 아니하신다 하며(4절).
- 그의 모든 사상에 하나님이 없다 하나이다(4절).

시편 저자는 악인의 교만한 행동에 분노한다. 그는 정의가 없어 보이는 현실에 답답함을 느끼고 있다. 교만한 압제자는 성공에 성공을 거듭하는 것만 같다.

그의 길은 언제든지 견고하고 주의 심판은 높아서 그에게 미치지 못하오니(5절).

압제자는 어떤 어려움도 겪지 않는 것처럼 행동한다(6절). 그의 입은 저주로 가득하다(7절). 그가 숨어서 다음 희생자를 계획하고 있다(8-9절). 그의 행동으로 연약한 사람들이 상처를 입는다(10절). 교만한 남자는 다음과 같은 결론을 내린다.

하나님이 잊으셨고 그의 얼굴을 가리셨으니 영원히 보지 아니하시리라(11절).

하지만 시편 저자는 자신의 무력한 상태를 하나님께 부르짖을 계기로 삼는다. 그의 솔직한 불평은 자신의 마음을 다시 하나님께로 향하기 위한 방편이었다. 그는 고통스러운 상황에만 시선을 고정하여 원망하고 절망에 빠지지 않고 하나님께 답답한 심정을 토로한다. 답답한 상황을 구체적으로 말한다. 답답함을 표현한 애통은 그를 하나님으로부터 더 멀어지게 만드는 것이 아니라 그분께 더 가까이 다가가게 만든다.

내게는 좌절감을 솔직하게 표현하는 습관이 그야말로 생명을 주는 습관이 되었다. 실비아를 잃고 나서 한동안은 아침에 눈을 뜰 때마다 답답한 가슴을 움켜쥐어야 했다. 그때 내 감정은 어두움 그 자체였다. 실망감을 안고서 침대에서 나올 때만큼 참담한 순간도 없었다.

하지만 그 가운데서도 하나님께 내 속내를 털어 놓는 것의 가치를 발견했다. 분명하고 솔직하게 아뢸수록 더 후련해졌다. 때로는 내 감정을 말로 표현하기가 꺼려졌다. 차마 입에 담기 힘든 단어들만 머릿속에 떠올랐기 때문이다. 그럴 때마다 하나님이 내 감정을 이미 알고 계신다는 사실을 억지로라도 떠올려야 했다.

어떤 날은 괴로운 일을 모두 일기장에 적어 보았다. 그 불평의 목록을 들고 하나님 앞에 나아가 아뢰었다. 그럴 때마다 고통이 나를 근시안으로 만든다는 사실을 발견했다. 나는 고통에만 시선을 고정한 탓에 깊은 슬픔에 사로잡혔다. 다른 것은 아무것도 중요하지 않게 느껴졌다. 이처럼 슬픔의 무게나 삶의 불공평함, 다시는 행복해지지 못할 것이라는 두려움에 휩싸이기 쉽다. 가만히 두면 자기중심적인 감정의 소용돌이가 걷잡을 수 없이 커진다.

하지만 불평거리를 써서 하나님께 아뢰면 이상하게도 나를 옭아매던 것들로부터 자유로워졌다. 때로는 내가 나열한 것들이 너무도 사소한 것들이어서 헛웃음이 나오기도 했다. 불평은 나 자신과 내 상황을 더 분명하게 볼 수 있게 해 주었다. 그때부터 내 의문과 좌절감을 최대한 빨리 하나님께 아뢰는 습관을 길렀다.

사산과 유산의 고통 덕분에 새로운 구속적인 언어 하나를 얻었다. 시간이 지날수록 애통, 심지어 불평도 사랑하게 되었다. 그것은 솔직한 불평이 나를 애통의 다음 단계인 구함과 믿음으로 이끌어 줄 수 있기 때문이다. 이에 관해서는 다음 두 장에 걸쳐서 살펴보도록 하자. 지금은 성경적인 불평이 단순한 불평 이상이라는 점을 알고 넘어가기를 바란다. 성경적인 불평은 우리의 생각과 감정을 다시 하나님께로 향하는 길이다.

제대로 불평하는 방법을
배우다

지금까지는 주로 성경적인 불평의 가치를 역설했다. 이제 이 가치를 충분히 알았으리라 믿는다. 앞으로는 고난 중에서 성경적인 불평을 통해 마음을 다시 하나님께로 향할 수 있게 되기를 바란다. 옳은 방식으로 불평하는 법을 배우는 데 도움이 되는 몇 가지를 소개하겠다.

교만이 아닌 고통으로, 겸손하게 나아가라

하나님께 불평할 때는 겸손한 마음으로 해야 한다. 앞서 말했듯이 하나님께 화를 내는 것은 옳지 않다. 하지만 겸손한 자세로 하나님께 고통스러운 질문을 하는 것은 가능하다. 하나님이 우리에게 뭔가 빚을 졌다는 식의 태도로 교만하게 질문을 던지며 요구하는 것은 진정한 애통이 아니다. 불평하기 전에 교만이 틈타지 않도록 자신의 마음을 점검하라. 교만이 아닌 고통으로 나아가라.

애통이 선을 넘지 않도록 성경으로 기도하라

이 단조의 노래를 발견하고서 나는 좋아하는 애통의 시 편 하나를 외웠다. 그 시편이 나의 아픈 심정을 그대로 담고 있었기 때문이다. 그리고 내 애통이 도를 지나치지 않도록 성경적인 경계가 필요했다. 나는 하나님께 기도할 때 사용할 수 있는 언어를 발견했다. 이것이 당신에게도 필요할지 모른다. 그런 의미에서 이 책의 뒤에(부록2) 20개의 불평 목록을 소개했다. 이 목록으로 시작해도 좋고, 이 목록을 참고해서 당신의 아픔을 담은 애통의 시편을 찾아봐도 좋다. 명심하라. 애통의 시편들은 분명한 이유가 있어서 성경에 포함된 것이다. 성경으로 기도하면서 불평을 시작하라.

겸손하고 솔직하게 빠짐없이 아뢰라

앞서 말했지만 다시 강조할 만한 가치가 있다. 우리의 고통이나 두려움, 좌절감을 하나님께 솔직히 아뢰지 않으면 성경적인 불평은 효과가 없다. 사랑이 많으신 아버지께 모든 것을 아뢰라. 우리의 아픔을 이해하시는 구주가 계신다는 사실을 잊지 말라(히 4:15). 그리고 예수님의 기도를 기억하라. "나의 하나님, 나의 하나님, 어찌하여 나를 버리셨나이까"(마 27:46). 이 기도에서 위로를 얻으라. 무엇보다도 우리에게는 "말할 수 없는 탄식으로 우리를 위하여 친히 간구"하시는 성령님이 계신다(롬 8:26). 삼위일체 하나님은 우리의 고통과 좌절을 이미 알고 계신다. 그러니 빠짐없이 전부 아뢰라. 겸손하고 솔직하게 아뢰라.

단순히 불평만 하지 말라

마지막으로, 한 가지 주의를 주고 싶다. 불평을 건너뛰어서도 안 되지만 불평에 묶여 있어서도 안 된다. 불평은 그 자체로 목적이 아니다. 다시 말해, 애통은 의문과 좌절의 늪에서 허덕일 구실이 아니다. 애통은 다른 목적을 위한 수단이다. 의사의 절개가 치유를 위한 것이듯 불평도 우리를 애통의 다음 단계로 이끌기 위해 필요하다. 불평에 머물러 있어서는 안 된다. 불평을 너머 다음 단계로 이동하지 않으면 애통은 그 목적과 효과를 상실한다.

불평은 애통에 매우 중요한 요소다. 크리스천들은 단순히 불평하기 위해 불평하지 않는다. 우리는 하나님께로 더 가까이 다가가기 위해 그분 앞에 불평을 쏟아내야 한다. 우리의 마음을 솔직히 털어 놓는 것은 애통의 다른 요소들로 가는 관문이 된다.

당신이 이 책을 왜 읽게 되었는지 모르지만 필시 불평

의 기도를 드릴 만큼 힘든 일이 있으리라 생각된다. 다음 장으로 넘어가기 전에 잠시 하나님께 당신의 어려움을 기도하기를 바란다. 이렇게 기도를 시작해 보면 어떨까 싶다.

"하나님, 당신이 _____(예를 들어, 인색하시지는/냉냉하시지는/속이 좁지는 등) 않은 줄 않지만 오늘은 그렇게 느껴집니다."

불평은 애통으로 향하는 새로운 전환점이다. 당신의 고통을 하나님께 솔직하게 아뢰라. 좀 민망해도 성경적인 불평을 솔직하게 따라하면 다음 단계로 넘어갈 수 있다. 다음 단계는 하나님께 도움을 요청하는 것이다.

3

담대히
약속을
의지하다
(시 22편)

나를 멀리 하지 마옵소서
환난이 가까우나
도울 자 없나이다(시 22:11).

감사하게도 병원 주차장에서 했던 불평의 기도가 우리 이야기의 끝이 아니다. 몇 달 뒤 아내는 다시 임신을 했다. 우리는 그 두려운 초음파실의 흐릿한 화면을 주시하며 심장박동과 작은 몸의 분명한 형성을 볼 수 있었다. 생명의 징후가 뚜렷했다.

이 정도면 안심해도 되었다. 행복을 기대할 수 있었다. 하지만 나는 그렇지 못했다. 오히려 두려웠다. 여러 차례의 고통과 실망을 겪다 보니 심신이 지쳐 있었기 때문이다. 또다시 아이를 잃을까 봐 두려울 뿐 아니라 희망을 잃을까 봐 두려웠다.

이후 몇 달은 힘겨운 나날의 연속이었다. 우리 부부는 거의 매일 두려움과 사투를 벌였다. 낙심과 근심이 매일같이 우리를 공격했다. 병원에서 태아의 심장박동 소리를 기다릴 때마다 끔찍했던 기억이 되살아났다. 응급실을 여러 번 다녀왔는데, 그때마다 아기가 움직이지 않을까 봐 가슴을 졸였다. 다행히 모든 것이 정상이었다. 그렇게 치열한 사투가 우리의 일상이 되었다.

이 긴 여행을 하는 내내 우리는 매주 여러 목사님들과 함께 모여 우리가 살고 있는 도시의 부흥을 위해 기도했다. 이 교파를 초월한 도시 전체의 기도회를 통해 여러 복음주의 교회들의 목사님들과 관계를 맺었다. 우리는 함께 주님을 찾으며 깊은 우정을 쌓았다.

특별히 일 년에 한 번 있는 이들과 함께하는 수련회가 좋았다. 우리는 한 콘퍼런스 센터에서 사흘간 예배와 기도하는 시간을 가졌다. 그중 한순간이 특별히 기억에 남는다. 그 일로 애통에 대한 나의 이해가 크게 성장했기 때문이다.

그 기도회 때 나는 아내의 임신에 관한 두려움을 쏟아 내며 애통하기 시작했다. 믿음을 지키기 위한 사투로 나의 영혼은 심히 지쳐 있었다. 목사님들 앞에서 내 사투를 주님께 솔직히 아뢰었다. 내 근심과 번민, 의심을 솔직하게 털어 놓았다. 나의 눈물 가득한 불평이 끝나자 몇몇 목사님들이 내 주위로 모여 들었다. 그리고 나를 위해 기도하기 시작했다.

버니(Bernie) 목사가 내 가슴에 그 두툼한 손을 얹고 담대한 확신으로 기도했다. "하나님, 제 형제에게 힘을 주십시오." 버니가 내 쪽으로 몸을 기울이는 것이 마치 내 가슴에 자신의 기도를 밀어 넣는 것처럼 느껴졌다. 이번에는 더 큰 목소리로 울부짖으며 그가 기도했다. 거의 고함에 가까웠다. "제 형제를 위해서 기도합니다. 제 형제를 담대하게 해 주십시오!"

기도하는 목사님들께 둘러싸여 있을 때 내 영혼에 어떤 일이 일어났다. 버니의 기도는 더없이 강한 확신으로 충만했다. 그는 놀라운 권위로 하나님께 부르짖었다. 그 순간, 내 두려움이 완전히 사라지지는 않았지만 그의 확신이 내게로 고스란히 옮겨 왔다.

내 가슴 속의 불평이 버니의 담대한 기도에 묻혔다.

시편 22편,
담대하게 구하라

지금까지 우리는 애통이 기도로 하나님께 마음을 향하고, 불평을 솔직히 아뢰는 것이라는 점을 살펴보았다. 나는 고통 중에서도 어떤 식으로든 계속해서 기도해야 한다는 점을 강조했다. 앞서 우리는 불평을 하나님 앞에 내려놓는 것의 영적 가치에 대해 이야기했다. 이제 세 번째 단계로 넘어갈 차례다. 세 번째 단계는, 담대하게 기도하는 것이다.

우리 여행의 다음 구간은 하나님께 그분의 성품에 따라 역사해 달라고 확신으로 간구하는 것이다. 이제 애통은 불평의 기도에서 요청의 기도로 넘어간다. 애통의 시편들을 읽다 보니 내 친구 버니가 생각난다. 시편 저자들의 요청도 버니만큼 담대하다. 그들은 마치 하나님께 역사하시길 명령하는 것처럼 강력한 권위로 간구하고 있다. 하나님의 성품에 대한 확신과 구원의 역사에 대한 지식으로 인해 그들은 더없이 담대한 요청을 하고 있다. 성경에 등장하는 애통의 저자들은 하나님의 약속을 근거로 간구한다.

이 요청들은 그 이상의 효과를 가져 온다. 하나님의 성품과 약속에 근거한 담대한 간구에 우리의 불평이 묻힌다. 내가 '묻힌다'라는 표현을 쓴 이유가 있다. 그것은 요청으로 나아가기 전에 우리의 의문이 항상 사라지는 것은 아니기 때문이다. 일식 때 해가 달에 묻혀 버리는 것처럼 우리의 의문과 확신은 공존하지만 같은 강도로 공존하지 않는다.[1] 하나님의 성품과 약속이 남은 의문들을 모두 없애지는 않지만 이제 그것이 더 주된 현실이 된다. 담대한 간구를 하면 "왜 이런 일이 일어납니까?"라는 질문이 하나님의 성품과 약속에 묻힌다.

이것이 우리가 담대하게 요청해야 하는 이유다. 시편 22편 1절은 의문을 토로한 구절 중에서 가장 유명한 구절이다. 예수님은 십자가에서의 마지막 순간에 다윗의 애통을 인용하셨다(마 27:46; 막 15:34). 시편 22편은 처음 두 구절에서 애통의 두 단계(향하기와 불평)를 결합하고 있다는 점에서 특별하다. 그리고 곧바로 애통으로 들어간다는 점에서 강력하다.

> 내 하나님이여 내 하나님이여 어찌 나를 버리셨나이까 어찌 나를 멀리 하여 돕지 아니하시오며 내 신음 소리를 듣지 아니하시나이까 내 하나님이여 내가 낮에도 부르짖고 밤에도 잠잠하지 아니하오나 응답하지 아니하시나이다(시 22:1-2).

하나님의 성품에 영혼의 닻을 내리다

이 애통이 대단한 이유는 매우 통렬한 두 불평에 이어 곧바로 하나님의 성품을 상기시키기 때문이다. 불평이 끝나자마자 담대한 요청이 이어진다.

> 이스라엘의 찬송 중에 계시는 주여 주는 거룩하시니이다 우리 조상들이 주께 의뢰하고 의뢰하였으므로 그들을 건지셨나이다 그들이 주께 부르짖어 구원을 얻고 주께 의뢰하여 수치를 당하지 아니하였나이다(시 22:3-5).

6-8절에서 다윗이 사람들의 잔인한 조롱으로 인한 고통

을 표현한 뒤에 다시 급전환이 나타난다.

오직 주께서 나를 모태에서 나오게 하시고 내 어머니의 젖
을 먹을 때에 의지하게 하셨나이다 내가 날 때부터 주께 맡
긴바 되었고 모태에서 나올 때부터 주는 나의 하나님이 되
셨나이다(시 22:9-10).

본문에서 다윗이 무엇을 하고 있는지 보이는가? 깊은
고통과 버림받은 기분 속에서도 그는 하나님의 성품과 그
분이 행하신 일에 영혼의 닻을 내리고 있다. 뒤에 보면 다
윗은 깊은 슬픔과 밀려드는 의문과 좌절감에도 불구하고
하나님께 담대한 요청을 드린다. 그의 불평은 슬픔의 막다
른 골목이 아니라 하나님의 성품으로 이어지는 다리였다.
이것이 우리가 시편들, 특히 애통의 시편들을 사랑하는 이
유다. 모든 시편은 하나님의 성품에 영혼의 닻을 내리게 해
준다.

애통을 연구하면서 이런 전환점을 사랑하게 되었다. 이
는 고통과 믿음이 공존하는 지점이다. 이 전환점에서 우리
는 슬픔을 느끼면서도 담대하게 간구할 수 있는 확신을 얻
는다. 이를 통해 삶의 고통이 날 것 그대로 느껴지는 가운

데서도 하나님께 도와달라고 울부짖기로 선택할 수 있다. 슬프다고 해서 하나님께 도움을 요청하기도 전에 포기해서는 안 된다는 사실을 다시 기억하게 된다. 극심한 상처 가운데서도 담대한 기도로 우리를 초대한다는 것이 애통의 은혜다.

하나님의 도우심을 간구하기를 멈춘 영역들이 있는가? 고통스러운 상황이나 응답되지 않는 기도로 인해 하나님을 향해 침묵하고 있는가? 새로운 자신감으로 담대히 요청하는 전환의 순간을 꼭 맞이하기를 바란다.

확신을 가지고 담대히 구하다

시편 22편 11-21절에서 다윗은 하나님의 성품을 떠올리며 담대한 요청을 드린다. 그는 하나님의 도우심이 필요했다. 그래서 이 애통은 절박함과 기대감으로 가득하다. 다윗의 말을 보자.

나를 멀리 하지 마옵소서 환난이 가까우나 도울 자 없나이다 … 여호와여 멀리 하지 마옵소서 나의 힘이시여 속히 나를 도우소서 내 생명을 칼에서 건지시며 내 유일한 것을 개의 세력에서 구하소서 나를 사자의 입에서 구하소서 주께서 내게 응답하시고 들소의 뿔에서 구원하셨나이다(시 22:11, 19-21).

다윗이 드리는 각각의 요청이 얼마나 담대한가를 눈여겨보라. 고통의 절박감과 하나님의 성품에 대한 확신이 어우러져 다윗으로부터 담대한 기도를 이끌어 내고 있다. 고통스럽고 절박한 순간에 우리의 기도는 달라진다. 무슨 말인지 알 것이라 생각한다. 고통은 우리에게 하나님의 도우심이 필요함을 깨닫게 해 준다. 고통은 인생의 모든 순간을 통제할 수 없는 우리의 연약함을 일깨워 준다. 고난이 닥칠 때만큼 우리의 연약함을 절감하는 순간도 없다. 이는 고난이 주는 축복 중 하나다. 물론 이 깨달음이 성경적인 애통으로 이어진다면 말이다. 인생의 다양한 시련은 우리가 하나님께 의존할 수밖에 없는 연약한 존재임을 깨달을 기회가 된다. 애통의 간구는 우리에게 하나님의 도우심이 필요하다는 사실을 인정하는 고백이다. 그런 의미에서 우리의 간구는 단순히 필요한 것을 아뢰는 것이 아니다. 이는 하나님에 대한 믿음에서 나오는 간구다.

내 친구 버니만큼 담대한 사람들과 함께 기도해 본 적이 있는가? 확신에 찬 이들의 기도를 들으면 그 확신에 끌리게 되어 있다. 그들의 담대함은 우리 안에 있는 기도의 불씨에 부채질을 해 준다. 담대한 요청은 더 많은 담대함을 낳는다. 이런 요청의 핵심은 단순히 우리의 필요를 채우는 것이 아니라 하나님을 의지하는 것에 있다.

슬픔의 계절이 찾아온다면…

시편 22편 외에도 애통의 시편들을 보면 다양한 종류의 요청을 발견할 수 있다. 고통스러운 상황이 다양한 만큼 담대한 요청의 종류도 다양하다. 절박한 탄원은 이 책을 읽는 사람들의 이야기만큼이나 다양하다. 이것이 우리가 힘들 때마다 시편, 특히 애통의 시편을 읽는 이유다. 시편 저자들의 삶도 우리의 삶과 별반 다르지 않았다. 다양성은 개인적인 차원에서도 도움이 된다. 애통의 요청은 각 사람의 상황과 인생의 계절에 따라 다르다. 새로운 슬픔의 계절이 찾아오면 애통의 시편들에서 그 계절에 무엇을, 어떻게 기도해야 할지 배울 수 있다.

이 슬픔의 노래들을 살펴보면 적어도 9가지 유형의 탄원을 발견하게 된다. 이것들을 종합하여 기도의 모델로 사용할 수 있다. 이런 다양한 요청을 보면 어떤 상황에서도 하나님께 나아가 계속해서 기도할 용기를 얻을 수 있다. 이 담대한 요청들을 당신의 기도로 삼기를 바란다.

1탄원, "여호와여 일어나옵소서!"

7개의 애통의 시편이 하나님께 "일어나옵소서"라고 요청한다(시 3, 7, 9, 10, 17, 74, 94). 이 시편들은 하나님께 세상의 문제를 고쳐 달라고 간구한다. 예를 들어, "여호와여 일어나옵소서 하나님이여 손을 드옵소서 가난한 자들을 잊지 마옵소서"(시 10:12)를 보자.

우리는 하나님이 나서시면 모든 것이 바뀐다는 것을 잘 안다. 따라서 모든 상황, 특히 고난의 때에 하나님의 개입을 요청해야 한다. "하나님, 제발 어떻게 해 주세요!"라고 외쳐야 한다.

2탄원, "우리를 도와주소서"

어떤 종류든 고난은 세상을 스스로 통제할 수 있다는 환상을 무너뜨린다. 우리는 항상 하나님의 도우심을 의존하지만 고통의 순간, 이 사실이 실질적으로 피부에 와닿는다. 애통의 시편들에는 하나님을 향하여 구원과 힘을 달라는 부르짖음이 가득하다. 예를 들어 "우리를 도와 대적을 치게 하소서 사람의 구원은 헛됨이니이다 우리가 하나님을 의지하고 용감하게 행하리니 그는 우리의 대적을 밟으실 이심이로다(시 60:11-12)가 있다.

하나님께 도움을 요청하면 전능자의 힘을 이용할 수 있을 뿐 아니라 하나님이 우리가 온전히 믿을 수 있는 분이라는 사실을 스스로 깨닫는 효과가 있다.

3탄원, "당신의 언약을 기억하옵소서"

성경에서 하나님께 기억해 달라는 요청은 그분이 나를 잊으셨다는 의미가 아니다. 그것은 하나님께 약속을 지켜 달라는 간구다. 이는 "하나님, 성경을 통해 주신 말씀을 믿습니다"라는 고백과 같다. 이는 눈에 보이는 것만 믿고 싶은 유혹을 떨쳐내기 위한 몸부림이다.

기억해 달라는 요청은 우리가 겪는 현재의 고난을 하나님께서 과거에 보여 주셨던 신실하심과 연결시킨다. "여호와여 주의 긍휼하심과 인자하심이 영원부터 있었사오니 주여 이것들을 기억하옵소서"(시 25:6).

4탄원, "정의가 이루어지게 하소서"

"여호와여 그들의 얼굴에 수치가 가득하게 하사 그들이 주의 이름을 찾게 하소서 그들로 … 낭패와 멸망을 당하게 하사 여호와라 이름 하신 주만 온 세계의 지존자로 알게 하소서(시 83:16-18).

신학자들이 '저주 시편'(imprecatory psalms)이라고 부르는 애통의 시편들도 있다. 불의 앞에서 우리의 고통이 아닌 하나님의 영광에 초점을 맞추고 있다면, 정의가 이루어지게 해 달라고 기도해야 한다. 하나님의 백성들은 악인의 멸망을 위한 기도를 자주 드렸다. 애통은 불의와 은밀한 학대에 관해 하나님께 이야기하기 위한 언어를 제공해 준다. 정의를 위해 하나님의 개입하심을 담대하게 요청해도 된다.

5 탄원, "우리의 죄를 기억하지 마소서"

우리의 죄로 인해 애통할 수도 있다. 예를 들어, 다윗은 간음과 살인의 죄를 짓고 통렬한 회개 속에서 시편 51편을 썼다. 국가 전체의 죄에 대한 애통도 있다. 2부에서는 예레미야애가를 살필 것인데, 이런 집단적인 슬픔을 확인할 수 있다.

우리의 죄를 기억하지 말아 달라는 요청은 죄에 합당한 대가를 치르지 않게 해 달라는 것이다. 이는 하나님의 긍휼과 은혜에 호소하는 기도다. "우리 조상들의 죄악을 기억하지 마시고 주의 긍휼로 우리를 속히 영접하소서 우리가 매우 가련하게 되었나이다 우리 구원의 하나님이여 주의 이름의 영광스러운 행사를 위하여 우리를 도우시며 주의 이름을 증거하기 위하여 우리를 건지시며 우리 죄를 사하소서(시 79:8-9).

죄를 지었다 해도 하나님께 긍휼을 구할 수 있다는 사실을 잊지 말아야 한다.

6 탄원, "우리를 회복시키소서!"

하나님께 회복을 요청하는 애통의 시편들이 있다. 예를 들어 "하나님이여 우리를 돌이키시고 주의 얼굴빛을 비추사 우리가 구원을 얻게 하소서"(시 80:3).

복음 전체의 내러티브는 새 하늘과 새 땅에서 이루어질 궁극적인 회복에 대한 기대다. 이 주제가 창세기부터 요한계시록까지 성경 전체를 관통한다. 애통은 이 미래의 현실이 이루어지기를 갈망하는 행위이다. 자신의 영혼이나 부부 관계, 가족, 교회, 국가의 회복을 바라는 애통도 가능하고, 온 세상에서 고통과 죄가 영원히 사라지는 최종적인 회복을 바라는 애통도 가능하다. 어떤 경우든 이 애통은 하나님께 영적 치유를 요청하는 것이다.

7탄원, "침묵하지 마시고 저의 기도를 들으소서"

애통의 시편들을 읽다 보면 하나님의 침묵에 관한 말이 자주 나오는 것을 알 수 있다. 예를 들어, 시편 28편은 개인적인 요청에서 이 두 가지 걱정을 내비친다. "여호와여 내가 주께 부르짖으오니 나의 반석이여 내게 귀를 막지 마소서 주께서 내게 잠잠하시면 내가 무덤에 내려가는 자와 같을까 하나이다 내가 주의 지성소를 향하여 나의 손을 들고 주께 부르짖을 때에 나의 간구하는 소리를 들으소서"(시 28:1-2).

하늘이 귀를 막은 것처럼 느껴질 때 하나님께 도움을 요청하라. 하나님이 듣지 않으실까 봐 걱정하는 마음을 내려놓고 계속해서 요청하라. 요청을 멈추지 말라. 하나님께 다음과 같이 아뢰라. "여호와여 나의 기도에 귀를 기울이시고 내가 간구하는 소리를 들으소서"(시 86:6).

8탄원, "나를 가르치소서"

고통은 우리의 관심을 끄는 하나님의 방법이다. 고통은 영적 성장을 위한 경종이자 기회다. 2부에서 예레미야애가를 살피면서 이 점을 더 자세히 논하도록 하겠다. 하지만 예레미야애가 외에도 많은 애통의 시편이 하나님께 가르침을 간구하고 있다. "주는 나의 하나님이시니 나를 가르쳐 주의 뜻을 행하게 하소서"(시 143:10). "우리에게 우리 날계수함을 가르치사 지혜로운 마음을 얻게 하소서"(시 90:12). "여호와여 주의 도를 내게 가르치소서 내가 주의 진리에 행하오리니 일심으로 주의 이름을 경외하게 하소서"(시 86:11).

당신은 어떠한가? 하나님께 고난을 통해 무엇을 가르쳐 달라고 요청할 것인가? 이런 요청은 시련을 헛되이 보내지 않게 해 준다.

9탄원, "나를 변호하소서"

개인적인 요청 가운데 하나는 자신을 변호해 달라는 요청이다. 모함이나 오해, 부당한 대우를 받은 적이 있다면 상황을 바로잡고 싶은 마음이 얼마나 간절한지 알 것이다. 애통의 시편들은 원망이나 복수의 길을 걷는 대신 하나님께 변호를 요청한다. "나의 하나님, 나의 주여 떨치고 깨셔서 나를 공판하시며 나의 송사를 다스리소서 여호와 나의 하나님이여 주의 공의대로 나를 판단하사 그들이 나로 말미암아 기뻐하지 못하게 하소서"(시 35:23-24).

공정하게 판단하시는 분께 자신을 맡기는 이런 요청은 영혼의 상처를 치료해 주는 연고가 될 수 있다.

애통의 시편에 이렇게 다양하고도 담대한 요청들이 있었는지 알고 있었는가? 이런 간구는 고통을 일으키는 상황의 종류만큼이나 다양하다. 이 사실이 당신에게 격려가 되기를 바란다. 애통은 광범위한 기도의 언어다. 이 애통은 다양한 고난과 난관을 지나는 우리의 친구가 되어 줄 수 있다. 하나님은 인생의 모든 계절과 모든 고통 속에서 담대하게 우리의 필요를 아뢰라고 말씀하신다.

애통의 삶을 사신
예수

신약은 우리에게 담대히 구할 것을 권장, 아니 명령하고 있다. 예를 들어, 히브리서 기자는 이렇게 말한다. "우리는 긍휼하심을 받고 때를 따라 돕는 은혜를 얻기 위하여 은혜의 보좌 앞에 담대히 나아갈 것이니라"(히 4:16).

이 담대함의 근거는 무엇인가? 왜 우리가 하나님께 담대히 구해야 하는가? 답은 예수님께서 세상의 망가짐을 직접 경험하시고 우리에게 공감하신다는 사실에 있다. 예수님이 우리를 깊이 이해하시기 때문에 우리는 담대히 구할 수 있다. "우리에게 있는 대제사장은 우리의 연약함을 동정하지 못하실 이가 아니요"(히 4:15).

예수님은 간고를 많이 겪고 질고를 아시는 분이다. 신약은 예수님의 말씀이나 행동을 자주 애통의 시편들과 연결시킨다. 예를 들어, 요한복음 2장 17절에서 요한은 불의로 왜곡된 성전 예배에 대한 예수님의 안타까움을 묘사할 때 그 배경으로 시편 69편 9절의 애통을 인용한다. "주의 전을 사모하는 열심이 나를 삼키리라"(시 69:9 참조).

요한복음 13장 18절에서 예수님이 배신에 관해 말씀하실 때도 애통의 시편이 인용된다. "내 떡을 먹는 자가 내게 발꿈치를 들었다"(시 41:9 참조). 그리고 앞서 말했듯이 예수님은 십자가에서 시편 22편 1절을 인용하셨다. "어찌 나를 버리셨나이까."

다시 말해, 예수님은 애통의 삶을 사셨다. 그분은 불의와 위선, 모함, 육체적 약함, 시험, 배신, 버림 받음으로 인한 슬픔을 아신다. 이것이 우리가 예수께 담대히 애통할 수 있는 근거가 된다.

애통의 노래와 애통을 아시는 분이 우리를 애통의 기도 속에서 만나 주신다. 애통의 시편과 예수님으로 인해 우리는 담대하게 계속 기도할 수 있다. 어떤 고통 속에서도 우리는 결국 의문의 단계를 벗어나 하나님께 개입을 요청해야 한다.

담대함은
담대함을 낳는다

애통의 시편들은 나에게 있어 친구 버니와 같았다. 사실, 내 간구는 소심할 때가 많다. 내 영혼의 고뇌가 하나님에 대한 신뢰보다 강할 때가 많기 때문이다. 그때 내게는 시편 저자들의 담대함이 필요하다. 그래서 나는 애통의 시편들을 보면서 믿음을 키운다. 시편 저자들의 담대함은 내 안에 담대함을 낳는다.

자신을 위해서만이 아니라 아파하는 친구를 볼 때마다 이 사실을 기억해야 한다. 고통 중에 신음하는 친구와 함께 기도하는 것이 사소한 일이라고 생각하는가? 전혀 그렇지 않다. 우리가 친구보다 더 큰 믿음으로 하나님께 간구할 능력이 있다고 해 보자. 그러면 우리가 담대하게 기도하고 은혜의 보좌에 담대하게 나아가는 모습이 친구에게 큰 도움이 될 수 있다. 우리가 강한 믿음으로 기도하면 남들의 믿음을 키워 줄 수 있다. 어떻게 기도해야 할지 모른다면 시편 13편이나 22편 같은 애통의 시편들로 하나님께 간구해도 좋다. 우리가 시편의 담대함을 그대로 표현하면 상처로 신음하는 친구에게 그 담대함을 전해 줄 수 있다.

우리 교회에서 애통을 실천했을 때 실제로 그런 일이 벌어졌다. 어느 월간 기도회 때 우리는 탕자들을 위해 집중적으로 기도했다. 우리는 말을 듣지 않는 자녀로 인해 고통받는 부모들에게 자녀를 위해 하나님께 부르짖도록 권면했다. 예배당은 빈틈없이 꽉 찼고, 놀라운 반응이 나타났다.

기도 중에 나는 자녀 문제로 어려움을 겪는 부모들에게 예배당 앞으로 나와 무릎을 꿇으라고 말했다. 그러자 많은 부모들이 나왔고, 곧 장내는 눈물바다로 변했다. 부모들이 강대상 주변으로 모이자 나는 한 명씩 말 안 듣는 자녀의 이름을 부르게 했다. 단지 이름을 부르는 목소리만으로도 말할 수 없는 고통이 전해졌다. 걷잡을 수 없는 슬픔이 장내에 가득했다.

이어서 벌어진 상황은 실로 아름다웠다. 나는 무릎을 꿇은 부모들의 친구들을 앞으로 불러 그들의 자녀들을 위해 담대히 기도하게 했다. 대부분의 부모들은 이런 기도에 지쳐 있었다. 자녀 문제에 대한 하나님의 응답에 불신하는 마음이 더 크기 때문이다. 그리스도 안에서의 형제자매들은 통곡하는 이 부모들의 지친 어깨에 손을 얹고 담대한 기도로 그들의 믿음과 확신을 더해 주었다. 그들은 하나님께 이 부모들의 기도를 듣고 그 자녀들의 마음을 돌이켜 달라고 간절히 간구했다. 울음이 가득한 가운데서도 부모들이 고개를 끄덕이는 모습을 똑똑히 볼 수 있었다. 이 부모들의 슬픔은 그 슬픔을 함께 느끼는 형제자매들의 담대함 속에 묻혀 버렸다. 버니가 나를 위해 기도해 주었을 때처럼 고통이 사라지지는 않았지만 다른 이들의 확신이 이 부모들에게 그대로 전해졌다.

애통은 우리를 담대한 자리로 이끈다. 우리는 하나님 앞에 고통을 아뢰고 개입을 요청할 수 있다. 애통의 세 번째 단계는 의문에서 믿음의 요청으로 나아가는 것이다. 애통의 시편이 보여 주는 다양한 요청들은 어떤 고통이 얼마나 길게 이어져도 끝까지 구해야 한다는 사실을 일깨워 준다.

당신 앞에 넘을 수 없는 산처럼 보이는 문제가 있는가? 그것이 무엇이든 하나님께 아뢰라. 도와달라고 담대하게 요청하라. 고통이나 문제로 인해 애통의 여행을 멈춘 채 불평과 신세한탄에만 묶여 있지 말라. 하나님께 개입을 요청하라. 하나님의 은혜와 긍휼, 공급하심을 간구하라.

애통의 시편들에서 묻어나는 담대함을 통해 당신의 믿음을 더 든든히 세우라. 이 슬픔의 노래들을 통해 당신의 영혼에 영적 힘을 불어넣으라. 계속해서 담대하게 구하라. 그러고 나서 애통의 마지막 단계로 넘어가라. 마지막 단계는 믿기로 선택하는 것이다.

4

삶의 통제권을
내려놓고
하나님을 기다리다

(시 13편)

나는 오직 주의 사랑을 의지하였사오니
나의 마음은 주의 구원을 기뻐하리이다
내가 여호와를 찬송하리니
이는 주께서 내게 은덕을 베푸심이로다(시 13:5-6).

음악가이자 작가인 마이클 카드(Michael Card)는 이런 말을 했다. "진정한 찬양은 하나같이 고난의 광야에서 탄생했다."[1] 카드는 다윗의 애통들을 고찰하면서 "외로운 인생의 바위 투성이 지역"이 없었다면 우리가 소중히 여기는 다윗의 시편 중 많은 부분이 탄생하지 못했을 것이다라고 말한다.[2] 다시 말해, 다윗의 고통은 애통의 예배를 탄생시켰다. 카드의 말이 참으로 옳다. 고통은 우리의 믿음과 그 믿음을 표현하는 방식을 개선해 준다. 고통은 명료함을 더해 준다. 상실은 믿음을 키워 준다.

영국 시인 윌리엄 쿠퍼(William Cowper)의 시들은 이 점을 더없이 잘 표현해 준다. 쿠퍼는 심각한 우울증에 시달렸다. 한동안 정신병원에 들어가기도 했다.[3] 그는 평생 슬픔을 믿음으로 전환하는 법과 씨름했다. 그는 '샘물과 같은 보혈은'(There Is a Fountain Filled with Blood)과 '하나님과 더 가까이'(O for a Closer Walk with God) 같은 사랑받는 찬송가들 외에도 1774년 '주 하나님 크신 능력'(God Moves in a Mysterious Way)이라는 찬송가를 썼다. 이는 그가 마지막으로 쓴 찬송가로 알려져 있다.[4]

주 하나님 크신 능력 참 신기하도다.

바다와 폭풍 가운데 주 운행하시네.

참 슬기로운 그 솜씨 다 측량 못하네.
주님 계획한 그 뜻은 다 이뤄지도다.

검은 구름 우리를 뒤덮을지라도
그 자비하신 은혜로 우리를 지키네.

어둠에서 소경 같이 나 헤맬지라도
주 나를 불쌍히 보사 앞길을 비추리.[5]

이 찬송가는 내게 피난처가 되어 주었다. 검은 구름과
어둠에 관한 솔직한 고백이 감동이 되었다. 쿠퍼는 슬픔이
가득한 진짜 세상에서 살았던 것이 분명하다.

하지만 내가 이 찬송가를 사랑하는 가장 큰 이유는 고
난에서 눈을 들어 하나님의 성품을 바라보기 때문이다. 검
은 구름은 자비로운 은혜로 가득 차 있다. 어둠 속에서도
하나님이 앞길을 비춰 주신다.

고통은 예배의 통로가 될 수 있다. 고난은 믿음으로 이어
질 수 있다. 애통은 이런 전환을 위한 언어다. 슬픔의 노래들

은 우리를 불평에서 하나님에 대한 확신으로 이끌어 준다.

믿기로
선택할 차례다

처음부터 이 책의 목표는 당신이 애통의 목적지를 바라보도록 돕는 것이었다. 이제 우리는 그 목적지에 도착했다. 당신 앞에 놓인 기회를 볼 수 있기를 바란다. 하지만 그 기회를 잡으려면 이 마지막 단계를 밟기로 선택해야만 한다. 안타깝게도 나는 불평의 늪에 빠져 있는 사람들을 너무도 많이 보았다. 자신이 원하는 것을 요청하는 단계에 발이 묶인 사람들도 많다. 당신만큼은 이들과 다르기를 바란다. 지금까지 나는 하나님께 자신의 문제를 아뢰고 필요한 것을 담대히 구하라고 강권했다. 이제 애통을 올바로 마무리할 차례다.

믿기로 선택해야만 한다. 내가 이 선택을 대신 해 줄 수는 없지만 애통이 당신을 이 선택으로 이끌어 줄 수는 있다. 이 애통의 기도는 우리를 하나님에 대한 확신과 찬양이라는 영적 안전한 포구로 안내하기 위해 하나님이 마련해 주신 것이다. 기도로 하나님께 나아가 불평을 토로하고 담대히 도움을 요청하는 것은 이 마지막 단계에 이르기 위함이다. 결국 우리는 믿음 충만한 예배를 선택해야 한다.

애통을 통해
인내를 기르다

믿음이 고통 중에 내리는 단 한 차례의 선택이라는 생각은 착각이다. 인생에서 애통의 기도가 한 번이면 족한 것이 아니다. 인생은 그렇게 간단하지 않다. 슬픔은 그렇게 쉽게 길들여지지 않는다. 우리는 계속해서 애통함으로써 끊임없이 믿음으로 나아가야 한다.

그런 면에서 애통은 수동적이지 않은 인내를 길러 준다. 애통은 적극적인 인내를 길러 준다.[6] 믿음은 하나님 앞으로 나아가 문제를 아뢰고 도움을 요청한 뒤에 시련이 계속되더라도 하나님의 성품과 약속을 믿기로 다시 결심하는 일이다. 곧 애통은 인내가 따른다. 애통은 믿음으로 기다리는 것이다. 레베카 에클런드(Rebekah Eklund)는 애통을 명쾌하게 정리해 준다. "애통의 기도는 현재 나타나고 있는 하나님의 구원 역사들을 기뻐하는 동시에 미래, 곧 종말론적인 '아직'의 때에 나타날 하나님의 구원의 역사들을 간절히 소망하는 기도다 … 애통하는 자들은 옛 시대와 보이지 않는 것들에 대한 새 소망 사이의 경계선에 서 있다."[7]

이것이 내가 애통을 사랑하는 이유이다. 애통은 고통의 현실을 다룰 뿐 아니라 하나님의 신실하심을 다시 바라볼 수 있게 해 준다. 미래의 구원을 기다리는 동안 우리의 영적 자세는 능동적이어야 한다. 우리가 통제할 수 없는 고통스러운 상황 속에서도 믿음의 길로 걸으면 기다리는 시간이 영적으로 생산적일 수 있다. 우리는 애통하면서 계속해서 믿어야 한다.

시편 13편,
애통과 믿음 사이

이번 장에서는 시편 13편을 보며 애통과 믿음 사이의 상관관계를 살펴볼 것이다. 이 시편은 겨우 6개의 구절로 이루어져 있기 때문에 외우고 묵상하기 쉽다.

애통의 시편들은 우리를 믿음의 결심과 예배의 자리로

이끌어 준다. 시편 13편에서 이 과정이 급속도로 진행되는 것을 볼 수 있다. 먼저 다윗은 "언제까지"라는 질문으로 하나님께 나아가 불평을 한다. 그 불평이 실로 날카롭고 직접적이다.

여호와여 어느 때까지니이까 나를 영원히 잊으시나이까 주의 얼굴을 나에게서 어느 때까지 숨기시겠나이까 나의 영혼이 번민하고 종일토록 마음에 근심하기를 어느 때까지 하오며 내 원수가 나를 치며 자랑하기를 어느 때까지 하리이까 (시 13:1-2).

다음 구절에서는 요청이 등장한다. 다윗은 담대하게 구원을 요청한다.

여호와 내 하나님이여 나를 생각하사 응답하시고 … 두렵건대 내가 사망의 잠을 잘까 하오며(시 13:3-4).

이 애통은 우리가 지금까지 이야기한 패턴을 따르고 있다. 지금쯤 마음을 하나님께로 향하는 것에서 불평과 요청으로 이어지는 순서가 익숙해졌으리라 믿는다. 나아가, 이제 다른 시편들에서도 이 패턴을 볼 수 있으리라 믿는다. 무엇보다도 이 패턴이 당신의 기도 언어가 되기 시작했으리라 믿는다.

믿음은 고통에도 확신을 놓지 않는다

시편 13편 5절에서 다윗은 하나님의 성품에 근거한 믿음 충만한 진술들로 넘어간다.

나는 오직 주의 사랑을 의지하였사오니 나의 마음은 주의 구원을 기뻐하리이다(시 13:5).

이 구절은 믿음으로의 전환을 보여 준다. 마이클 진킨스(Michael Jinkins)는 모든 시편에서 전환점이 발견된다고 말한다. 모든 애통은 고통스러운 상황을 초월한 믿음으로 이어지기 때문이다.[8] 우리는 애통의 원인에서 눈을 들어 하나님의 성품과 지난 역사, 성경의 약속을 바라보아야 한다.[9] 시편 13편 외에 아래와 같이 몇 가지 예를 소개한다.

• 내가 잊어버린바 됨이 죽은 자를 마음에 두지 아니함 같고 깨진 그릇과 같으니이다 … 여호와여 그러하여도 나

는 주께 의지하고 말하기를 주는 내 하나님이시라 하였
나이다(시 31:12, 14).

- 내 원수들이 내게 대하여 말하며 내 영혼을 엿보는 자들
  이 서로 꾀하여 이르기를 하나님이 그를 버리셨은즉 따
  라 잡으라 건질 자가 없다 하오니 … 나는 항상 소망을 품
  고 주를 더욱더욱 찬송하리이다(시 71:10-11, 14).

- 하나님이여 교만한 자들이 일어나 나를 치고 포악한 자
  의 무리가 내 영혼을 찾았사오며 자기 앞에 주를 두지 아
  니하였나이다 그러나 주여 주는 긍휼히 여기시며 은혜를
  베푸시며 노하기를 더디하시며 인자와 진실이 풍성하신
  하나님이시오니(시 86:14-15).

믿음은 고통으로 인해 이미 알고 있는 것에 대한 확신
이 흔들려도 그 확신을 놓지 않는 것이다. 애통은 고통스러
운 현실과 소망하는 현실 사이의 광야를 믿음으로 헤쳐 나
가게 도와준다.

세 번의 믿음 선포

시편 13편은 5-6절의 선포를 통해 확실한 전환점을 돈다.
나는 오직 주의 사랑을 의지하였사오니 나의 마음은 주의

구원을 기뻐하리이다 내가 여호와를 찬송하리니 이는 주께서 내게 은덕을 베푸심이로다(시 13:5-6).

이 선포가 당신에게 단순히 성경에 수록된 이야기가 되지 않기를 바란다. 당신도 이 기도를 통해 믿음으로 나아가기를 바란다. 이 세 선포는 교훈적이며 애통을 완성하는 법을 알려 준다. 조금 더 자세히 살펴보자.

"나는 오직 주의 사랑을 의지하였사오니"

하나님은 그분의 백성들에게 신실하게 역사하신다. 하나님은 믿을 만한 분이다. 그래서 그분의 백성들은 하나님을 믿기로 선택했다. 이것이 관계의 본질이다. 시편 저자는 역사적인 관점을 취하고 있다. 마이클 진킨스(Michael Jinkins)에 따르면 "시편 저자는 하나님이 과거에 보이신 역사를 근거로 그분의 사랑에 대한 믿음을 굳게 부여잡고 있다. 애초에 그가 기도할 수 있었던 것은 이 믿음 때문이었다."[10]

고통 가운데에서도 기도로 하나님께 마음을 향하기 위해서 믿음이 필요한 것처럼, 상황이 힘들 때에 하나님의 변함없는 사랑을 부여잡기 위해서는 믿음이 필요하다. 이 믿음의 선포는 찬양으로 이어진다.[11] 다윗은 자신의 고통스러운 상황을 하나님의 변함없는 사랑에 관해서 이미 알고 있는 사실에 연결시킨다.

모든 크리스천이 하나님의 변함없는 사랑에 대한 경험을 가지고 있다. 따라서 우리는 하나님이 믿을 만한 분이심을 늘 기억해야만 한다. 크리스천으로 살아간다는 것은 하나님이 주신 약속의 말씀과 그분이 어떤 분이신지를 믿는다는 뜻이다. 우리는 그런 믿음으로 말미암아 구원을 받았다. 우리는 성경이 '진실'이라고 믿는다. 우리는 그리스도를 영접하면 죄용서를 받을 수 있다는 사실을 믿는다. 우리는 하나님의 은혜를 믿음으로 그분의 가족이 되었다. 하지만 이것은 시작일 뿐이다.

구원을 받은 뒤에는 믿기를 그만두는 것이 아니다. 예수님의 제자로 살기 위해 일평생 믿음의 길을 걸어야 한다. 고난의 계절도 다르지 않다. 고난의 계절을 지날 때는 힘들고 고통스럽지만 상관없이 우리는 믿음으로 살아내야 한다.

"어떻게 이 고난 속에서도 믿음을 지킬 수 있을까?"라는 질문으로 이 책을 펴지 않았는가? 쉬운 답은 없지만 5절에서 단서를 발견할 수 있다. "나는 오직 주의 사랑을 의지하였사오니."

이 구절을 읽으면 내 삶에서 나타났던 하나님의 신실하

신 모습이 떠오른다. 때로는 이 구절을 주문처럼 반복해서 암송하기도 한다. 하나님이 신실하게 행하셨던 일을 나열하는 기도를 드릴 때도 있다. 또 갈라디아서 2장 20절 같은 구절을 읽으며 그 안에 담긴 인생을 변화시키는 진리들에 대해 하나님께 감사하기도 한다. "내가 그리스도와 함께 십자가에 못 박혔나니 그런즉 이제는 내가 사는 것이 아니요 오직 내 안에 그리스도께서 사시는 것이라 이제 내가 육체 가운데 사는 것은 나를 사랑하사 나를 위하여 자기 자신을 버리신 하나님의 아들을 믿는 믿음 안에서 사는 것이라."

믿기로 선택하려면 이미 알고 있는 진리를 더욱 마음에 새겨야 한다. 애통의 기도들은 심지어 고통 속에서도 하나님이 믿을 만한 분이심을 상기시켜 준다.

"나의 마음은 주의 구원을 기뻐하리이다"

시편 13편 5절에는 두 번째 확신의 선포가 등장한다. 본문에서는 믿음을 하나님의 구원 계획을 기뻐하는 것과 연결시킨다. 하나님은 계속해서 그분의 백성들을 구원해 주신다. 우리가 고난을 받는다고 해서 하나님이 우리를 잊거나 거부하신 것이 아니다. 하나님의 구원 계획은 거대한 원을 그리며 항상 진행되고 있다. 단지 우리가 전체 궤도를 볼 수 없을 뿐이다. 쿠퍼(cowper)의 찬송가 한 절이 이 사실을 잘 담아 내고 있다.

어둠에서 소경 같이 나 헤맬지라도
주 나를 불쌍히 보사 앞길을 비추리.[12]

애통을 통해 믿기로 선택하려면 이미 알고 있는 사실로 인해서 기뻐해야 한다. 우리 눈에 보이지 않아도 하나님의 은혜로운 계획이 계속되고 있음을 믿고서 그분이 앞길을 비춰 주시는 대로 따라가야 한다.

십자가로 인해 지금 우리는 옛 성도보다 훨씬 유리한 위치에 있다. 지금 우리는 "내 하나님이여 내 하나님이여 어찌 나를 버리셨나이까"(시 22:1)라는 궁극적인 애통의 울부짖음이 가장 큰 구속의 순간으로 이어진다는 것을 안다. 십자가의 어두움은 빈 무덤의 여명으로 이어졌다. 애통으로 가득했던 예수님의 삶은 구원과 영생으로 이어졌다. 지금 우리는 구원의 이야기 전체를 알고 있다.

로마서 8장에서 사도 바울은 이 진리를 우리의 고난에 적용한다. 즉 그는 우리의 고난을 하나님의 구속적인 계획에 관한 약속으로 감싸고 있다. 먼저 그는 크리스천들이 경험하는 시련을 나열한다. "누가 우리를 그리스도의 사랑에서 끊으리요 환난이나 곤고나 박해나 기근이나 적신이나 위험이나 칼이랴"(롬 8:35). 그리고 나서는 애통의 시편의 불평을 인용한다.

> 우리가 종일 주를 위하여 죽임을 당하게 되며 도살할 양 같이 여김을 받았나이다(시 44:22).

시련과 애통의 한복판에도 하나님의 영원한 계획과 연결된 놀라운 약속들이 있다. 다시 말해, 약속이 고통을 끝내 주지는 않지만 대신 고통에 목적을 부여해 준다.

- 우리가 알거니와 하나님을 사랑하는 자 곧 그의 뜻대로 부르심을 입은 자들에게는 모든 것이 합력하여 선을 이루느니라(롬 8:28).
- 그런즉 이 일에 대하여 우리가 무슨 말하리요 만일 하나님이 우리를 위하시면 누가 우리를 대적하리요(롬 8:31).
- 그러나 이 모든 일에 우리를 사랑하시는 이로 말미암아 우리가 넉넉히 이기느니라 내가 확신하노니 사망이나 생명이나 천사들이나 권세자들이나 현재 일이나 장래 일이

나 능력이나 높음이나 깊음이나 다른 어떤 피조물이라도
우리를 우리 주 그리스도 예수 안에 있는 하나님의 사랑
에서 끊을 수 없으리라(롬 8:37-39).

바울은 구원을 기뻐하고 있다. 그는 고난의 현실과 애
통의 시편을 결합하여 하나님 사랑의 영광과 약속을 강조
하고 있다. 우리도 믿기로 선택하면 바울과 같을 수 있다.
애통은 하나님의 은혜를 기뻐함으로 우리의 마음을 하나님
께로 향하게 만든다.

이번 장을 쓰던 중 테리(Terry)의 장례식을 집도했다. 테
리 부부는 오랫동안 우리 부부와 친구로 지내왔다. 테리는
미소가 얼굴에 각인된 것만 같은 남자였다. 그는 만나는 모
든 사람을 따뜻하게 안아 주었다. 그를 볼 때마다 '기쁨 넘
치는 종'이라는 표현이 떠올랐다. 그의 죽음은 갑작스러웠
고, 장례식장은 몰려드는 인파로 북적거렸다.

나는 로마서 8장을 본문으로 사도 바울의 슬픔을 사랑
하는 남편이요 아버지, 친구인 테리의 죽음과 연결시키는
설교를 했다. 우리는 테리에 대한 좋은 추억을 회상하며 잠
시 미소를 짓기도 했지만, 나는 조문객들에게 장례식은 엄
연한 비극이라는 점을 상기시켰다. 나는 우리가 사는 세상

이 망가져 있다는 현실을 직시해야 한다고 말했다. 내 친구 테리가 살아 있으면 좋겠다고, 우리가 죽는다는 사실이 싫다고 말했다.

장례식장에 슬픔이 가득했지만 우리는 그 슬픔을 복음의 소망으로 감쌌다. 나는 로마서 8장의 애통과 연결된 주권적이고 영원한 약속들을 소개하면서 예수님을 통한 구원의 약속과 소망이 우리의 슬픔을 감싸고 있다고 말했다. 다시 말해, 테리의 죽음은 끝이 아니었다. 우리는 슬퍼하는 가운데서도 하나님의 계획을 기억하며 기뻐했다. 그리고 시편 13편의 마지막 구절에서 권한 것처럼 찬양을 불렀다. 우리는 목소리를 높여 죽음의 존재에 항의하는 동시에 하나님에 대한 믿음을 고백했다. 우리는 우리의 구원을 기뻐했다. 애통은 기쁨으로 이어진다.

"내가 여호와를 찬송하리니 이는 주께서 내게 은덕을 베푸심이로다"

6절은 시편 13편의 마지막 진술이다. 이 짧은 시편은 날카로운 질문에서 시작해 하나님 중심의 예배로 이동한다. 다윗은 애통을 통해 다시 하나님께로 마음을 향하고 그분의 은혜와 긍휼을 찬양하기로 선택한다. 그의 불평과 요청은 이제 믿음 충만한 예배라는 목적지에 이른다.

욥기도 같은 진행을 보여 준다. 무고한 고난과 도움이 되지 않는 친구들로 인해 욥은 불평한다. 그러자 욥기 38-41장에서 하나님은 회오리바람 속의 질문들로 욥의 물음에 응답해 주신다. 이 질문들은 하나님의 숨 막히는 장엄함과 능력을 보여 주기 위한 질문들이었다. 이에 욥은 벌린 입을 다물지 못하다가 겨우 정신을 차리고 이렇게 고백한다.

주께서는 못하실 일이 없사오며 무슨 계획이든지 못 이루실 것이 없는 줄 아오니 … 내가 주께 대하여 귀로 듣기만 하였사오나 이제는 눈으로 주를 뵈옵나이다(욥 42:2, 5).

욥기는 무고한 고난 속에서 인간의 질문과 불평이 결국 겸손한 예배로 끝을 맺는 과정을 보여 주는 책이다. 다른 애통의 시편들도 믿음, 찬양, 예배를 서로 연결시키고 있다. 두 가지 예를 들어보면 다음과 같다.

• 여호와는 나의 힘과 나의 방패이시니 내 마음이 그를 의지하여 도움을 얻었도다 그러므로 내 마음이 크게 기뻐하며 내 노래로 그를 찬송하리로다(시 28:7).

- 나의 유리함을 주께서 계수하셨사오니 나의 눈물을 주의
  병에 담으소서 이것이 주의 책에 기록되지 아니하였나
  이까 내가 아뢰는 날에 내 원수들이 물러가리니 이것으
  로 하나님이 내 편이심을 내가 아나이다 내가 하나님을
  의지하여 그의 말씀을 찬송하며 여호와를 의지하여 그의
  말씀을 찬송하리이다 내가 하나님을 의지하였은즉 두려
  워하지 아니하리니 사람이 내게 어찌하리이까(시 56:8-11)

모든 애통의 시편에서 이렇게 믿음으로 끝맺음하는 모
습을 볼 수 있다. 애통은 고통, 의문, 남들의 부당한 대우,
불의를 거쳐 예배에 이른다. 토드 빌링스(Todd Billings)는 다
른 모든 시편과 마찬가지로 애통의 시편들이 우리에게 믿
음을 가르친다는 아우구스티누스(Augustinus)의 말을 인용
했다. "시편은 우리의 애정(affections)을 바로잡기 위한 하
나님의 교육법으로서 우리에게 주어졌다. 즉 시편은 애통
해야 마땅한 것들에 애통하고 기뻐해야 마땅한 것들에 기
뻐할 수 있도록 우리의 갈망과 인식을 변화시키는 하나님
의 방법이다."[13]

애통은 우리의 마음을 조율시켜 믿음의 노래를 부르게 한다.

여러 방법으로
믿음을 표현하다

　믿음 충만한 예배는 인생의 상황이나 영혼의 상태에 따라 다른 형태를 띤다. 우리가 아는 하나님의 속성을 묵상하면서 담대한 믿음의 선포를 할 때도 있다. "하나님, 당신이 만사를 다스리시는 줄 압니다. 당신을 믿습니다." 그런가 하면 단순히 성경의 약속들, 특히 애통의 시편 끝에 나오는 약속들을 읊을 수도 있다. 시편은 무엇을 말해야 할지를 말해 준다. 확신에 찬 시편의 고백을 따라하라.

　진리를 담은 찬양을 조용히 부르며 마음을 믿음으로 향하면서 애통의 기도를 마무리할 수도 있다. 좋은 찬송가나 합창은 하나님에 대한 우리의 믿음을 강화시켜 준다. 머릿속의 거짓과 싸울 때 찬양을 부르면 마음이 변할 수 있다. 그런가 하면 그냥 주님 앞에 조용히 앉아 있고 싶을 때도 있다. 지친 가운데서도 말없이 믿음을 표현할 수 있다. 실제로 성경은 그렇게 말한다. "너희는 가만히 있어 내가 하나님 됨을 알지어다"(시 46:10).

　애통은 믿음으로 이어지지만 그 경로가 항상 분명하거나 매번 순서대로 진행되는 것이 아니다. 우리가 어떠하든지 기도로 하나님께 마음을 향하고 불평을 쏟고 담대히 요청할 때 하나님이 우리의 믿음을 키워 주신다.

애통은 힘든 고통의 광야를 지나갈 길을 만들어 낸다. 완벽해야 한다는 강박관념을 가질 필요는 없다. 그저 "하나님, 오늘 당신을 믿기로 선택합니다"라는 기도만으로도 충분히 좋은 출발점이 될 수 있다. 이 정도의 믿음밖에 끌어모을 수 없다 해도 그것은 분명한 발전이다. 나처럼 애통의 시편들이 보여 주는 잘 정리된 경로를 따라도 좋다. 믿음의 선배들의 고백을 따라해 보라. 그러면서 그 찬양 가운데 얼마나 많은 아픈 사람들이 동참할지 생각해 보라. 마음을 담아 입술로 표현할 노래나 찬양, 시를 찾아도 좋다.

어떻게 하든 믿음으로 나아가려는 노력을 멈추지 말라. 참기 어려운 고통 속에서도 이해를 초월하는 하나님의 주권적인 다스리심을 바라보며 믿음으로 나아가는 법을 배우라. 하나님을 믿기로 선택하라. 애통하는 법을 배우는 것은 긴 여행이다. 그 여행에서 우리는 검은 구름이 드리운 가운데서도 하나님의 긍휼을 발견하게 된다. 애통은 혹독한 인생과 하나님의 약속 사이에서 사는 것이다. 애통은 고난이 닥칠 때 찬양하고 예배하는 법을 배우게 한다.

우리에게 아무도 우는 법을 가르쳐 주지 않았지만, 애

통의 단계들은 배워야 한다. 애통은 크리스천의 삶에 있어서 매우 중요하기 때문이다. 애통은 복음의 소망을 붙잡고 인생의 고난을 피하지 않고 견디며 지나게 해 준다. 기도로 하나님께 마음을 향하고 불평을 토로하고 담대히 구하고 믿기로 선택하는 애통의 과정은 크리스천들에게 꼭 필요하다.

계속해서 믿기 위한
여행

애통은 긴 여행이지만, 감사하게도 우리의 힘으로 이 길을 걷지 않아도 된다. 이는 끈기와 의지력의 문제가 아니다. 우리가 계속해서 믿도록 하나님이 도와주신다. 다시 말해 하나님이 우리의 애통을 이끌어 주신다.

실비아의 장례식이 끝나고 처남 리치(Rich)가 존 파이퍼(John Piper)에게 이 일에 관한 이메일을 보냈다. 고통과 하나님의 주권에 관한 내 시각은 파이퍼 박사의 책과 설교에서 많은 영향을 받았다. 처음에는 파이퍼 박사에게 짧은 격려의 메시지를 부탁했다. 감사하게도 그는 매일 받은 수백통의 이메일 중에서 내가 보낸 이메일을 읽어 주었다. 내 메일함에서 파이퍼의 이름으로 된 이메일을 본 순간을 잊을 수가 없다. 파이퍼는 나의 딸의 죽음에 관해서 듣고 아내와 내가 가슴 아픈 상실을 이기게 해 달라고 기도했다고 말했다. 몇 마디 격려의 말 이후 그 이메일은 내 영혼의 닻이자 내 애통의 초점이 된 한 문장으로 끝났다. "계속해서 믿게 해 주시는 그분을 계속해서 믿으세요."

이런 믿음은 애통이 나를 비롯한 수많은 신자들에게 준 선물이다. 눈물을 뿌려가며 기도하고, 힘든 질문들과 씨름하고, 하나님의 약속을 바라보는 것은 다 계속해서 믿기 위한 여행의 일부다. 애통하는 법을 배우면 믿음을 얻는다. 애통은 하나님의 약속을 중심으로 이루어진다.[14]

"하나님, 계속해서 믿게 해 주실 줄 믿습니다." 이 단순한 고백으로 애통의 기도를 마친 적이 얼마나 많은지 모른다. 하나님께서는 이런 애통을 통해 우리를 믿음의 길로 인도해 주신다. 기도로 하나님께 마음을 향하고 불평을 토로하고 하나님의 도우심을 담대히 구할 때 우리를 돌보시고 우리의 간구를 들으시는 하나님을 더욱 신뢰하게 된다. 애통은 하나님을 계속해서 믿을 수 있는 힘을 준다.

Part 2

DARK
CLOUDS
**DEEP
MERCY**

우는
사람들과
함께 울며

망가진
세상을
애통하다
(애 1-2장)

지혜자의 마음은
초상집에 있으되(전 7:4).

앞서 우리는 시편을 통해 애통하는 법을 배웠다. 이제 애통이 우리에게 무엇을 가르쳐 주는지 생각해 볼 차례다. 우리는 애통하는 법을 배울 뿐 아니라 애통을 통해서 믿음을 배우기도 한다. 고통이나 슬픔을 다루는 법을 배우고 싶어 이 책을 펼쳤는가? 지금까지 읽어 줘서 감사하다. 1부를 읽고 마음을 하나님께로 향하고 불평하고 요청하고 믿는 과정을 충분히 이해했으리라 믿는다.

하지만 애통은 또 다른 면에서 우리에게 도움이 될 수 있다. 애통은 하나님이 고통을 통해 가르치시려는 교훈을 듣게 해 준다. 그래서 C. S. 루이스(Lewis)는 이런 유명한 말을 했다. "하나님은 우리의 즐거움 속에서 속삭이시고 우리의 양심을 통해 말씀하시지만 우리의 고통을 통해서는 외치신다. 고통은 귀먹은 세상을 깨우는 하나님의 확성기다."[1]

모든 고난은 배움의 기회다. 하지만 그러기 위해서는 우리가 귀를 기울일 자세가 되어 있어야 한다. 니콜라스 월터스토프(Nicholas Wolterstorff)는 《나는 사랑하는 사람을 잃었습니다》(Lament for a Son)에서 이렇게 말했다. "나는 눈물을 통해 세상을 볼 것이다. 그러면 마른 눈으로는 볼 수 없는 것들을 보게 되리라."[2]

애통은 성장의 길을 보는 프리즘이 될 수 있다. 2부에서는 예레미야애가를 살펴볼 것이다. 우리의 목표는 이 역사적인 애통의 노래를 분석해 배우는 것이다. 성경에 등장하는 슬픔의 노래들은 단순히 개인적인 슬픔의 표현이 아니다. 그 노래들은 하나님의 백성들이 고통이나 위기 속에서 배운 교훈들을 잊지 않게 도와준다. 검은 화강암 벽에 수천 개의 이름이 새겨진 베트남 참전 기념비처럼, 예레미야애가라는 역사적인 애가에서 우리는 가슴에 새겨야 할 중요한 교훈들을 배울 수 있다. 애통은 단순히 슬픔의 표현이 아니라 기념비다.

한 노인이 알츠하이머병과 사투를 벌이다가 세상을 떠났다. 기억이 희미해지고 같은 문장만 반복해서 말하는 노인을 보며 매번 자신의 이름을 알려 줘야 했던 가족들의 삶도 괴로움의 연속이었다. 그들은 깊이 사랑하는 사람의 안타까운 말년을 슬픔으로 지켜 봐야만 했다.

우리 교회 목사 중 한 명이 감동적인 메시지로 장례예배를 진행했다. 그는 애통하는 법을 아는 사람으로서 설교를 전했다. 그의 설교는 서서히 죽어가는 노모를 돌보았던 시련 속에서 탄생했다. 그의 설교를 함께 읽어 보자.

오늘 우리가 이곳에 있는 것은 장례가 일으키는 괴로운 감정들에 우리의 영혼을 열기 위해서입니다. 애통하고 슬픔에 반응하기 위한 올바른 방법이 있습니다. 한편으론 여러분의 남편이자 아버지, 할아버지께서 더 이상 기억 상실과 혼란, 질병의 고통 속에서 살지 않게 되어서 다행입니다. 이제 가족과 친구분들은 더 이상 고통스러워하는 고인을 지켜 보지 않아도 됩니다. 그리고 복음으로 인해 인생의 마지막 장이 아직 쓰이지 않았다는 소망과 기대감이 있습니다. 이제부터 우리는 죽음 앞에서 깊은 슬픔과 잔잔한 안도감을 함께 경험하는 동시에 저 앞에 있는 소망의 빛을 엿보게 될 겁니다. 오늘 우리가 이곳에 있는 또 다른 이유는 "지혜자의 마음은 초상집에 있"기 때문입니다. 여러분, 오늘 우리가 초상집에 있다는 사실을 잊지 맙시다. 우리는 한 인간이 더 이상 우리와 함께 있지 않다는 안타까운 현실을 깊이 느껴야 합니다. 남편이 세상을 떠났습니다. 아버지가 세상을 떠났습니다. 할아버지가 세상을 떠났습니다. 우리 삶의 회전목마가 멈추었고, 우리는 내키지 않아도 초상집에서 죽음을 오랫동안 보게 되었습니다. 하지만 죽음의 현실을 직시하고 이 집에서 말씀을 통해 다가오는 하나님의 음성에 귀를 기울인다면 지혜가 우리의 것이 될 것입니다.[3]

이 장례식 설교는 죽음이 얼마나 충격적인 것인지를 분명히 일깨워 주었다. 이 설교는 세상이 뭔가 잘못되었다는 솔직한 항의였다. 그 장례식은 단순한 슬픔의 표현 이상이었다. 그것은 우리 모두의 삶 이면에 흐르는 망가진 상태를 다시 기억하는 기회가 되었다. 이렇듯 애통은 배움의 통로다.

삶의 표면 아래
숨겨진 것들을 보다

성경의 다른 부분들에서도 애통을 찾아볼 수 있지만 예레미야애가는 성경 전체에서 가장 격렬하고 포괄적인 애통의 노래다. 예레미야애가는 불평하고 흐느끼고 고민하고 소망하고 기억하고 믿음을 부여잡는다. 예레미야애가는 우리가 누구이고 하나님이 어떤 분이시며 세상이 어떻게 망가져 있는지를 상기시켜 준다. 예레미야애가는 가슴 아파해야 하는 상황들을 볼 수 있게 해 준다. 예레미야애가는 혼란 가운데 우리의 선생이 되어 줄 수 있다. 예레미야애가는 충격과 공포의 책이다.

목사로서 나는 큰 슬픔과 비극을 자주 눈앞에서 지켜봐야 했다. 그 순간들은 슬픔만이 아니라 교훈을 준다. 나는 장례식장을 떠날 때마다 내가 사망을 이기기를 얼마나 바라는지, 세상이 얼마나 망가졌는지, 시간이 얼마나 빨리 흐르는지, 예수님의 부활이 얼마나 감사한지를 생각한다. 장례식장만 다녀오면 가족이 함께 식사를 하는 시간이 전에 없이 귀하게 느껴진다. 그날은 아이들을 재울 때 뽀뽀를 더 오래 해 주고, 아내를 더 오래 안아 주고, 성경을 더 천천히 읽게 된다.

애통은 우리의 마음을 진짜 중요한 것으로 다시 향하게 만든다. 애통은 우리 삶의 표면 아래에 있는 가장 중요한 것들을 생각하게 만든다. 이것이 크리스천들이 애통의 시편과 예레미야애가를 자주 읽어야 하는 이유다. 창조에서 타락, 구속, 회복으로 이어지는 성경의 계획을 아는 사람들은 인생사를 하나님의 거룩하심과 복음의 소망에 연결시키면서 슬픔의 순간을 잘 이겨 낼 수 있다.

고난, 처음부터 끝까지
제대로 알라

　예레미야애가의 처음 두 장을 살펴보기 전에 먼저 이
책의 배경을 이해할 필요가 있다. 예레미야애가는 예레미
야 선지자가 BC 586년 예루살렘의 멸망을 돌아보며 쓴 책
이다. 예레미야는 후대가 이스라엘 역사의 이 어두운 순간
에 얻은 교훈을 절대 잊지 않기를 원했다.

　다윗 왕과 솔로몬 왕이 통치하던 이스라엘의 황금기 이
후 국가는 두 왕국으로 분열되었다. 북왕국은 이스라엘로,
남왕국은 유다로 불렸다. 북왕국은 잇따라 악한 왕들이 다
스렸다. 이스라엘은 하나님께로 돌아오라는 선지자들의
반복된 경고를 무시한 끝에 결국 BC 722년에 앗수르에 의
해 정복당한다. 전쟁에 패해 포로로 끌려간 북왕국 백성들
의 사례를 보며 남왕국은 정신을 차렸어야 했다. 하지만 유
다도 결국 북왕국과 똑같은 영적 반역의 길을 걸었다. 그
땅에도 우상숭배와 불의, 부도덕, 타락이 가득했다.

　이 기간 동안 바벨론은 남왕국의 수도 예루살렘을 3년
간 포위했다. 그 바람에 백성들은 거의 아사 직전에 이르렀
다. 결국 성벽이 뚫렸고 바벨론 군대는 예루살렘을 약탈하

고 성전을 불태웠으며 사방 성벽을 무너뜨렸다. 살아남은 자들은 포로와 노예가 되었다. 영광스러운 성전과 도시가 폐허와 잿더미로 변해 버렸다.

애통의 시편들과 마찬가지로 예레미야애가도 시 모음집이다. 처음 1-2장은 책의 주제를 소개하고, 3장에서는 클라이맥스에 이른다. 4-5장은 '장밋빛 그림'으로 끝나지 않는다. 예레미야애가는 여전히 강한 고통과 폐허가 된 채로 끝이 난다. 우리가 원하는 해피엔딩으로 마무리되지 않는다.

이 예레미야애가의 구조도 중요하다. 1장과 2장은 각 구절의 첫 글자가 히브리어 알파벳인 이합체시로 되어 있다. 히브리어 알파벳 순서대로 진행된다.[4] 이 형식은 예루살렘의 멸망이 복잡하고 포괄적인 문제라는 점을 강조하기 위한 것이다. 예레미야는 우리가 고난이란 문제를 처음부터 끝까지 온전히 알기를 원했다. 예레미야애가는 단순한 역사적 기록이 아니다.

모든 애통과 마찬가지로, 예레미야애가의 저술과 관련된 역사가 있다. 우리의 고난을 비롯한 인생의 매 순간은 하나님이 그림을 그리시는 캔버스이다. 모든 사람의 삶을 통과하는 내러티브가 있다. 유다의 멸망이든 인생의 혼란스러운 사건들이든 그 안에서 배워야 할 교훈들이 있다. 애통을 통해 우리는 고통을 표현할 뿐만 아니라 그 고통 이면의 메시지를 듣고 기억할 수 있다.

예레미야애가 1-2장,
망가진 세상과 거룩하신 하나님

1장과 2장의 처음에 나오는 한 단어는 예레미야애가 전체의 어조를 보여 준다. 그 단어는 "어찌"(에카, ekah אֵיכָה)로 번역되어 있다. 이는 충격과 의문의 표현이라고 할 수 있다.

- 이 성이여 전에는 사람들이 많더니 이제는 어찌 그리 적막하게 앉았는고(애 1:1).
- 주께서 어찌 그리 진노하사 딸 시온을 구름으로 덮으셨는가(애 2:1).

여기서 "어찌"로 번역된 히브리어 원어(에카, ekah אֵיכָה)는 원래 예레미야애가의 제목이다.[5] 그 단어는 이 애가의 고뇌를 표현하고 있다. 어찌 이런 일이 일어날 수 있는가? 어찌

하나님이 이런 일을 허락하실 수 있는가? 하나님의 백성들이 어떻게 살아남을 수 있는가? 우리의 미래는 어찌되는 것인가? 이것들은 우리가 슬픔의 검은 구름 속에서 던지는 질문들이다. 이것들은 애통의 질문이며 불평이다.

처음 두 장은 이렇게 충격적인 슬픔으로 시작된다. 예루살렘이 슬픔과 외로움에 신음하는 과부요 노예로 전락한 공주로 묘사된다(애 1:1). 예루살렘 성은 전 애인들에게 버림을 받고 친구들에게 외면을 당해 "눈물이 뺨에" 흐르고 있다(1:2). 한때 영광스러웠던 나라가 이제 "열국 가운데" 흩어져 그 어디도 쉴 곳이 없다(1:3). 예루살렘은 적들에게 유린을 당했다.

고통의 중심에는 적의 승리가 있다. 하나님은 개입하시지 않았다. 예레미야애가 1장 5절은 더 나아가 "그의 원수들이 형통"하다고 말한다. 하나님의 복이 백성의 적들에게 넘어간 듯했다. 다른 모든 애통과 마찬가지로 예레미야애가는 혼란과 의문을 큰 소리로 표현하고 있다. "어찌 이런 일이 일어났는가?"

하지만 예레미야애가는 한층 더 깊이 들어가 슬픔 이면의 원인을 강조한다. "여호와께서 그를 곤고하게 하셨음이라"(애 1:5). 바벨론은 수단이었을 뿐 궁극적으로 하나님이 예루살렘의 멸망을 진두지휘하셨다는 사실을 예레미야는 분명히 말한다. 예레미야애가는 망가진 세상의 모습과 거룩하신 하나님을 정확히 보게 해 준다. 예레미야애가의 두 번째 장은 이 주제를 확장한다.

주께서 야곱의 모든 거처들을 삼키시고 긍휼히 여기지 아니하셨음이여 노하사 딸 유다의 견고한 성채들을 허물어 땅에 엎으시고 나라와 그 지도자들을 욕되게 하셨도다 맹렬한 진노로 이스라엘의 모든 뿔을 자르셨음이여 원수 앞에서 그의 오른손을 뒤로 거두어들이시고 맹렬한 불이 사방으로 불사름 같이 야곱을 불사르셨도다(애 2:2-3).

여기서 고통의 존재와 하나님의 주권 사이의 긴장을 볼 수 있다. 그리고 이 긴장은 여전히 풀리지 않았다. 많은 질문이 답이 없이 남아 있다. 연기가 나는 폐허 도시를 보노라면 "어찌?"라는 말밖에 나오지 않는다.

공감할 것이라고 믿는다. 인생은 하나님의 목적에 관한 답답한 질문으로 가득하다. 고통은 우리에게 이해할 수 없는 패러독스를 던진다. 이렇게 긴장이 남아 있는 상태에서도 우리는 애통해야 한다. 물음표가 가득한 가운데서도 기도로 하나님께 마음을 향하고 불평을 토로하고 담대히 요청하고 믿기로 선택해야 한다. 가만히 앉아서 해결되기만을 기다려서는 안 된다. 마지막 장이 쓰이기 전에 답답한 질문들을 애통으로 표출해야 한다. 애통은 고통의 충격과 공포를 지나는 길이다.

죄로 인해 모든 것이 망가지다

예레미야애가의 1-2장에서 그리는 그림은 전혀 아름답지 못하다. 도시와 그 문화, 그 시민들의 몰락은 눈살을 찌푸리게 만든다. 예레미야애가는 그런 끔찍한 일이 벌어진 원인까지 지적한다. 예레미야의 애통을 들어보자.

- 그의 대적들이 머리가 되고 그의 원수들이 형통함은 그의 죄가 많으므로 여호와께서 그를 곤고하게 하셨음이라 (애 1:5).
- 예루살렘이 크게 범죄함으로(애 1:8).
- 네 선지자들이 네게 대하여 헛되고 어리석은 묵시를 보았으므로 네 죄악을 드러내어서 네가 사로잡힌 것을 돌이키지 못하였도다 그들이 거짓 경고와 미혹하게 할 것만 보았도다(애 2:14).

메시지는 분명하다. 예루살렘 백성들은 자신들의 죄로 인해 하나님의 심판을 받았다. 유다 왕국은 하나님의 선민이요 언약의 사랑을 받는 대상이었음에도 하나님의 정의의 추가 기울 수밖에 없는 지경에까지 이르렀다. 하나님은 자신의 성전을 스스로 허무셨다. 자신의 백성들을 스스로 흩으셨다. 자신의 성을 스스로 파괴하셨다. 유다 백성들은 하나님의 명령을 마음대로 무시해도 된다고 생각했다. 그들은 하나님의 법을 무시했다. 그것이 이 비극적인 순간에 이른 원인이었다.

죄악은 그들의 삶을 망가뜨렸다. 이 몰락의 원인이 예레미야애가의 중심 메시지다. 하나님은 자신의 백성들을 소중히 여기시지만, 한 도시의 보존보다 더 중요한 것이 있다. 그것은 바로 '하나님의 의'다. 그래서 예레미야애가는 예루살렘의 파괴보다 그 이면의 문제, 곧 국가의 죄에 대해 더 애통한다. 그 백성들은 예배와 행동, 심지어 마음까지도 모든 측면에서 하나님을 버렸다. 예루살렘의 멸망은 죄의 필연적인 대가인 파괴를 보여 주는 중요한 사례다. 예레미야애가는 이 몰락을 시적으로 표현한다.

전에 그에게 영광을 돌리던 모든 사람이 그의 벗었음을 보

고 업신여김이여 그는 탄식하며 물러가는도다 그의 더러운
것이 그의 옷깃에 묻어 있으나 그의 나중을 생각하지 아니
함이여 그러므로 놀랍도록 낮아져도(애 1:8-9).

수치가 진하게 묻어나는 구절이다. 죄가 온 나라를 물
들인 결과는 실로 참혹했다. 다른 나라들이 성전을 더럽혔
다. 온 백성이 굶주림에 신음했다(애 1:10-11). 2장에 따르면
국가의 지도자들이 포로가 되어 끌려갔다. 율법을 접할 길
이 없어졌다. 선지자들은 하나님께 일언반구도 듣지 못했
다. 장로들은 조용히 애통했고, 젊은 여성들은 흐느꼈다(애
2:10). 어디를 보나 참담한 광경뿐이었다. 온 나라가 철저히
망가졌다. 파괴의 깊이는 충격적이었다.

문득 아우슈비츠와 비르케나우가 생각난다. 그곳에서
처음으로 인간 타락의 깊이를 제대로 이해하게 되었다. 아
우슈비츠 수용소는 그 이름을 딴 도시의 한복판에 있는 상
대적으로 작은 시설이다. 지금은 제2차 세계대전 당시 유
대인 대학살의 참상을 보여 주는 박물관으로 개조되었다.
작은 대학을 닮은 건물들 사이로 걷다 보면 그곳에서 자행
된 조직적이고 광적인 범죄들이 피부로 와닿는다. 신발,
짐, 인간의 머리카락이 가득한 방들이 있다. 잔인한 실험들

을 보여 주고 그곳에서 죽은 남녀노소의 사진들이 걸린 건물들도 있다. 보다보면 소름이 끼친다.

도시 외곽에는 비르케나우 수용소가 있다. 이 수용소는 실로 거대하다. 3백 개가 넘는 건물이 50만 평이 넘는 구역을 빼곡히 채우고 있다.[6] 타락의 규모가 실로 충격적이다. 나는 몇 시간에 걸쳐 비르케나우 수용소를 둘러보았다. 남은 막사 굴뚝들이 푸른 밭에 흩어져 있었다. 가스실 잔해를 보고 근처의 방대한 무덤 밭도 살펴보았다. 역사가들은 이 두 수용소에서 1백만 명이 넘는 사람들이 죽임을 당한 것으로 추정한다.

아우슈비츠와 비르케나우 수용소에서 인간 타락의 규모를 직접적으로 볼 수 있었다. 죄가 파괴적인 것은 진작에 알고 있었지만 두 수용소를 방문하고서 죄가 얼마나 극악할 수 있는지를 더 절실히 깨달았다. 이 충격적인 경험은 평생 잊지 못할 것이다. 그곳에서 본 광경들이 내 가슴에 깊이 각인되었다.

기념물은 비극의 무게를 느끼고 기억하게 해 준다. 기념물이 없으면 우리는 지난 실수를 잊고 되풀이하기 쉽다. 기념물은 배워야 할 교훈들이 있음을 기억하게 해 준다. 연기가 피어오르는 예루살렘의 폐허는 분명한 메시지를 던졌고, 예레미야애가는 그 메시지를 담은 기념물이다. 그 메시지는 하나님이 오래 참고 긍휼이 많으시지만 그분의 법을 거역하면 대가가 따른다는 것이다. 예레미야애가는 망가질 대로 망가진 세상의 모습에 애통하기 위해 쓰였다. 예루살렘의 몰락은 죄가 얼마나 무섭고 하나님이 얼마나 거룩하신지를 똑똑히 보여 주는 사건이다. 죄는 그만큼 나쁘고 하나님은 그만큼 거룩하시다. 예레미야애가는 망가진 세상과 거룩하신 하나님을 계속해서 상기시키는 기념물이다.

하나님을 바라보라

1장의 마지막 구절에서 예레미야는 하나님께 긍휼을 구한다. 그는 하나님의 백성들에게 벌어진 일을 읊은 뒤에 이렇게 고백한다.

여호와는 의로우시도다 그러나 내가 그의 명령을 거역하였도다(애 1:18).

예레미야는 하나님 백성들의 반역과 고난 사이의 분명한 연관성을 지적한다. 19절에서도 그들의 죄를 계속해서 고발한다.

내가 내 사랑하는 자들을 불렀으나 그들은 나를 속였으며(애 1:19).

본문에서 예레미야는 고난과 영적 간음을 연결짓고 있다. 하나님은 그분의 백성들에게 경고하셨고, 결국 무시무시한 형벌로 회개하게 하셨다. 이 모든 충격적인 언어와 강렬한 이미지는 우리가 영적 경종을 듣고 정신을 차리게 하기 위한 것이다.

애통은 우리가 죄의 저주 아래에 살면서 부르는 노래다. 애통은 예루살렘 같은 도시가 더 이상 허물어지지 않는 날을 갈망하는 것이다. 생각해 보라. 새 예루살렘에서는 더 이상 애통이 없을 것이다. 요한계시록 21장은 이 놀라운 약속을 하고 있다. "모든 눈물을 그 눈에서 닦아 주시니 다시는 사망이 없고 애통하는 것이나 곡하는 것이나 아픈 것이 다시 있지 아니하리니 처음 것들이 다 지나갔음이러라"(계 21:4). 하지만 그 전까지는 이 단조의 노래가 세상의 망가짐을 계속해서 상기시켜 준다.

장례식이 삶의 '회전목마'를 멈추듯, 애통은 폐허에서 나오는 교훈들을 깊이 생각해 보게 한다. 망가진 세상은 슬픔을 낳을 뿐 아니라 지혜도 준다. 삶의 속도를 늦춰 귀를 기울이면 그 지혜를 배울 수 있다. 애통은 불편하지만 유익한 선생이다. 전도서의 말씀의 의미를 깨닫게 된다. 지혜자의 마음은 초상집에 있으되(전 7:4).

예레미야애가의
지혜

예레미야애가의 이 도입부에서 무엇을 배울 수 있을까? 애통이 우리에게 무엇을 가르쳐 주는가? 처음 두 장에서 우리는 3가지 교훈을 배울 수 있다.

죄는 실질적인 문제다

모든 애통과 고통은 세상의 타락에 뿌리를 두고 있다. 슬픔과 고통은 하나님의 통치에 대한 반역에서 시작된다. 애통은 죄의 문제에 대한 성경적 이해의 렌즈를 통해 모든 고통을 바라본다.

그렇다고 해서 나쁜 상황이나 고통이 '모두' 직접적으로 죄에서 비롯한다는 뜻은 아니다. 분명히 말하지만, '모든' 재난이 우리가 내린 나쁜 선택의 결과는 아니다. 물론 때로는 나쁜 선택이 문제이기도 하다. 하나님은 사랑으로 인해 우리가 악한 행동의 쓴 열매를 맛보도록 하신다. "주께서 그 사랑하시는 자를 징계하시고"(히 12:6). 하지만 이것을 모든 상황에 적용하지 않도록 조심해야 한다.

물론 중요한 인과관계를 무시해서는 안 된다. 모든 고통이 우리의 죄와 직접적인 연관이 있지는 않지만 세상의 타락한 상태와 고통의 연관성을 무시하는 것은 실수다. 성경은 하나님이 거룩하시고 인류는 그분의 영광에 미치지 못한다고 분명히 말한다(롬 3:23). 이 악한 반역의 결과는 죽음이다(롬 6:23). 우리의 집단적인 반역은 온 피조물을 신음하게 한다(롬 8:22). 우리는 온 피조물과 함께 더 나은 날을 갈망하고 있다(롬 8:23). 따라서 크리스천들은 모든 인간 고통의 뿌리에 죄의 현실이 있음을 이해해야 한다. 모든 죽음, 전쟁, 불의, 상실, 상처, 눈물은 죄로부터 기인한다. 죄는 모든 것에 악영향을 미친다. 예레미야애가는 우리 삶의 뿌리에 죄로 인해 망가진 기초가 있다는 점을 상기시킨다. 죄가 없다면 애통도 없을 것이다.

내가 이번 장을 쓰던 중, 11살짜리 딸이 슬픈 표정을 지으며 다가왔다. 딸은 집 안을 돌아다니다가 정원에서 사산한 딸의 이름이 새겨진 작은 돌을 발견했다. "아빠, 실비아는 왜 죽어야 했어요?" 딸은 그렇게 직설적으로 물었다. 세상에 이런 질문과 씨름하지 않는 사람은 아무도 없다.

내가 딸에게 이렇게 대답했는데, 마지막 두 문장을 눈여겨보라. "서배나(Savannah)야, 아빠 엄마도 하나님이 왜 실비아를 데려가셨는지 모른단다. 하나님의 계획은 불가사의하단다. 하지만 성경은 하나님의 뜻이 언제나 우리를 위한 것이라고 말한단다. 그러니까 그럴 만한 이유가 있는 거지. 우리도 언젠가 그 이유를 알게 될 거야. 지금은 그냥 하나님을 믿어야 해. 참, 그리고 실비아는 우리가 죄로 인해 타락한 세상에서 살기 때문에 죽은 것이기도 해. 실비아의 죽음을 생각하며 슬퍼할 때마다 우리는 어서 예수님이 오셔서 모든 것을 바로잡아 주셔야 한다는 사실을 다시 기억하게 되지."

내가 누군가에게 이런 대답을 해 준 것은 그때가 처음이 아니었다. 장례식과 애통은 죄가 심각한 문제라는 사실을 다시금 확인시켜 준다. 고통은 하나님과 우리에 관한 냉엄한 현실과 구주의 필요성을 상기시켜 준다. 예루살렘의 파괴를 비롯한 모든 고통과 애통 이면에는 진짜 문제인 죄가 있다.

우리는 고통을 개인화하는 경향이 있다. "왜 하필 '내게' 이런 일이 일어났는가? '내가' 무슨 잘못을 했기에?" 고통은 사람들로 하여금 자신에게만 초점을 맞추게 만든다. 아울러 남들의 고통을 느끼지 못하게 만든다. 나도 내게 직접적으로 영향을 미치지 않는 비극에 대해서 대개는 별다른 감정을 느끼지 못한다. 그때마다 내 고통만 고통이 아니라는 사실을 의식적으로 생각해야 한다.

예레미야애가의 1-2장은 죄가 단순히 개인적인 경험보다 훨씬 더 크다는 점을 상기시켜 준다. 우리의 문화와 가정, 도시, 국가에서 하나님에 대한 집단적인 반역이 보인다. 세상의 근본적인 망가짐에서 비롯한 구조적인 문제들이 인류의 삶에 깊이 뿌리를 내리고 있다. 애통의 기도들은 인류의 모든 면에 타락이 파고들었다는 사실을 다시 기억하게 해 준다.

이 책을 통해 당신이 자신의 고통만이 아니라 가까운 사람들의 고통을 위해서도 애통의 기도를 드리게 되기를 바란다. 하나님이 당신에게 자신의 문제만이 아니라 이웃과, 도시 전체, 국가 전체, 세상 전체의 문제들에 애통하는 더 큰 마음을 주시기를 바란다.

애통은 슬픔의 시대를 사는 우리에게 위로와 도움을 줄 뿐 아니라 우리의 마음이 남들의 고통을 느끼고 하나님과 세상에 관한 근본적인 진리를 보게 해 준다. 우리는 주변 세상의 망가짐을 바라보며 세상을 위해 애통할 수 있어야 한다. 지도자들이 도덕적으로 무너지고 불의로 가득할 때 우리는 단순히 비판만 하기보다는 불평을 옳게 표현할 기도의 언어를 구사해야 한다. 최근 마크 데버(Mark Dever)가 이런 말을 하는 것을 들었다. "뉴스를 보면 어떻게 기도해야 할지 알 수 있다."[7] 하지만 이렇게도 말할 수 있지 않을까? "뉴스를 보면 어떻게 애통해야 할지 알 수 있다."

당신의 마음이 열려 피조 세계의 '신음'을 듣게 되기를 바란다. 애통은 주변의 망가짐을 볼 눈을 열어 준다.

애통은 우리의 영혼을 깨운다

애통은 우리의 마음을 하나님의 시각에 조율시키는 방법 중 하나다. 우리의 가정이나 문화, 도시, 국가가 추락할 때 우리는 무슨 말을 해야 하는가? 주의하지 않으면 우리는 두려움이나 분노, 절망으로 반응하게 된다. 세상을 향한 애증을 드러낼 수 있다. 성경 이야기 전체의 긴 궤적을 모르는 사람처럼 행동하게 된다.

우리는 분노나 두려움, 무관심, 절망이 아닌 애통을 선택해야 한다. 불평에서 믿음으로 나아간 애통의 시편들의 본보기를 따라야 한다. 예루살렘의 몰락 앞에서 예레미야가 보여 준 본보기를 따라야 한다. 애통을 통해 슬픔을 표현하면서 우리 삶과 문화, 미래에 관한 이면의 영적 사실들을 다시 기억해야 한다. 하나님은 더 큰 계획을 품고 계신다. 하나님은 믿어도 좋은 분이다.

이런 식으로 애통은 우리의 영혼을 무관심의 잠에서 깨운다. 우리는 삶과 세상 속에서 나타나는 죄의 참담한 결과들에 의식적으로 애통해야 한다. 나는 우리 교회에서 예레미야애가에 관해 설교하던 중 교인들에게 한 주 동안 자신의 삶과 세상 속의 죄에 애통하는 시간을 가지라고 권했다. 그러자 한 남성 교인이 내 말을 누구보다도 진지하게 받아들였다. 주중에 그는 헬스클럽으로 나를 찾아와 간증을 했다. "목사님, 애통 덕분에 유혹을 이길 능력이 한층 강해졌습니다."

그는 한 주간 죄가 세상 속에 낳은 비극적인 일들을 기억나는 대로 애통하며 시간을 보냈다고 말했다. 그는 뜻밖에도 애통이 하루 종일 이어졌다고 했다. 덕분에 그는 죄의 유혹을 새로운 시각으로 볼 수 있게 되었다. 죄의 무게가 전과 다르게 느껴졌다. 애통이 공허한 약속의 허울을 벗겨낸 덕분에 그릇된 정욕들과 싸우기가 훨씬 쉬워졌다. 이 애통의 노래는 삶의 새로운 자유로 가는 길을 열어 주었다.

왜 애통의 자리로 가는 것이 더 좋은지 알겠는가? 예레미야애가는 이유가 있어서 성경에 포함되었다. 애통을 통해 우리의 마음이 깨어나야 한다. 애통에는 우리가 배워야 할 교훈들이 있다.

예레미야애가의 1-2장은 세상이 잘못되었다는 점을 상기시켜 준다. 우리가 개인적인 필요와 공동체 전체의 필요를 하나님께 아뢰며 애통의 노래를 부르면 우리의 마음이 하나님께로 향하게 된다. 애통은 세상의 문제가 죄이며 하나님만이 이 문제를 바로잡을 수 있는 유일한 분임을 일깨워 준다. 이런 면에서 애통은 세상의 망가짐과 하나님의 거룩하심을 알려 주는 반가운 경종이요 기념물이 될 수 있다.

아침마다
새롭게 임하는
주의 긍휼을 맛보다

(애 3장)

우리의 마음이
"절망적이야!"라고 말할 때
우리는 반박해야 한다.
-팀 켈러(Timothy Keller)

한 기독교 콘퍼런스 센터에서 모임을 가질 때 벽에 걸린 그림이 눈에 띄었다. 흐르는 강 앞의 두 산 사이에 놓인 한 영국식 오두막집을 그린 그림이었다. 작은 정원이 오두막집을 둘러싸고 있었다. 파스텔 색깔들과 부드러운 라인, 화창한 하늘로 이루어진 목가적인 풍경이었다. 이 평온하고 고요한 보금자리는 누구라도 꼭 가 보고 싶을 만한 곳이었다. 그림 밑에는 예레미야애가 말씀이 적혀 있었다.

여호와의 인자와 긍휼이 무궁하시므로 우리가 진멸되지 아니함이니이다 이것들이 아침마다 새로우니 주의 성실하심이 크시도소이다(애 3:22-23).

화가는 이 유명한 구절을 이상적인 광경과 연결시켰다. 아마 많은 크리스천들이 그럴 것이다. 하지만 이 화가는 틀렸다. 아름다운 강가의 파스텔 색깔 오두막집은 예레미야애가 3장의 풍경이 아니다. 본문은 어둡고 비극적인 곳에 '아침마다 새롭게 임하는 주의 긍휼'을 배경으로 한다.

영국식 오두막집과 달리 당시 예루살렘 성은 폐허 위에 놓여 있었다. 아름다운 산 속의 오두막이 아니라 해일이 휩쓸고 지나간 인도네시아를 상상해야 한다. 화창한 하늘이 아닌 어두운 구름, 멋진 정원이 아닌 고통의 거리, 평화로운 풍경이 아닌 전쟁터를 떠올려야 한다. 하지만 예레미야는 이런 파괴의 현장에 애통하면서도 이렇게 고백한다. "여호와의 인자와 긍휼이 무궁하시므로."

예레미야애가 3장 22-23절에서 우리는 이런 변화를 볼수 있다. 아니, 봐야만 한다. 그리고 여기서 두 번째 교훈을 얻어야 한다.

예레미야애가 3장,
마음을 진리로 향하라

예레미야는 단순히 자신의 고통과 실망감에 애통하기만 한 것이 아니다. 그는 슬픔의 노래를 통해 자신의 마음을 눈에 보이는 것이 아니라, 마음으로 아는 진리로 향하고있다. 사실상 그는 이렇게 말하고 있다. "예루살렘의 몰락가운데에서도 여전히 하나님이 다스리고 계신다. 유다의파멸에도 불구하고 하나님의 긍휼은 끝나지 않았다. 하나님의 성실하심은 여전히 크다."

이 점에서 성경적인 애통은 여느 애통과 다르다. 성경

적인 애통은 고통스러운 감정을 표현할 뿐 아니라 우리가 믿는 진리, 혹은 우리가 어두운 구름 아래서도 믿기 위해 애쓰고 있는 진리로 마음을 향하게 한다.

삶에서 나쁜 일이 일어났는가? 그것이 당신이 이 책을 읽고 있는 이유일 것이다. 어떤 일이 일어났든 상실은 황무지처럼 느껴질 수 있다. 참담하고 고통스럽다. 하지만 애통을 통해 성경의 진리를 곱씹으면 소망이 되살아난다. 우리의 시각과 느낌, 생각으로는 암담해 보여도 애통하면서 하나님의 긍휼이 매일 새롭다는 사실을 기억하면 소망이 되살아난다. 진리를 떠올리면 소망이 솟아난다. 내가 장담한다. 그리고 하나님도 약속하셨다.

같은 장 안의 두 가지 다른 시각

예레미야애가의 모든 것은 이 지점으로 귀결된다. 3장은 예레미야애가의 클라이맥스다. 여기서 이합체시의 구조가 변한다. 각 구절이 히브리어 알파벳의 다음 글자로 시작되는 것이 아니라 세 구절씩 한 묶음을 이루어 같은 알파벳으로 시작된다. 그렇게 해서 강력한 삼중 이합체시를 이룬다.[1] 이는 클라이맥스에 이르렀다는 신호다.

예레미야애가는 고난에 관한 두 가지 내용이 대조를 이

153

루면서 클라이맥스에 이른다. 어조의 변화는 매우 극적이다. 두 부분을 대표하는 다음 두 구절을 보면 알 수 있다.

- 스스로 이르기를 나의 힘과 여호와께 대한 내 소망이 끊어졌다 하였도다(애 3:18).
- 주여 주께서 내 심령의 원통함을 풀어 주셨고 내 생명을 속량하셨나이다(애 3:58).

두 구절 사이에는 분명한 대조가 있다. 예레미야애가 3장의 첫 번째 부분(1-20절)은 어둡고 절망적인 반면, 두 번째 부분(21-66절)은 새롭게 솟아나는 믿음을 보여 준다. 이 부분을 통해 무엇을 배울 수 있는지 살펴보자.

아무런 희망이 없다

예레미야애가 3장 18절에서 예레미야는 희망을 포기한 것처럼 보인다. "이젠 끝이다. 아무런 소망이 없다." 이런 상황을 경험한 적이 있는가? 나는 경험해 봤다. 아마 당신도 떠오르는 순간이 있을 것이다. 여기서 예레미야의 고통이 증폭되고 있다. 처음 다섯 구절에서 그의 절박한 고뇌를 엿볼 수 있다.

여호와의 분노의 매로 말미암아 고난당한 자는 나로다 나를 이끌어 어둠 안에서 걸어가게 하시고 빛 안에서 걸어가지 못하게 하셨으며 종일토록 손을 들어 자주자주 나를 치시는도다 나의 살과 가죽을 쇠하게 하시며 나의 뼈들을 꺾으셨고 고통과 수고를 쌓아 나를 에우셨으며(애 3:1-5).

이제 예레미야는 국가의 고난을 개인적으로 또 통렬하게 느끼고 있다. 아무런 평안도 행복도 인내도 소망도 없어 보인다(애 3:17-18). 걷잡을 수 없는 슬픔이 예레미야를 짓눌렀고 그는 밑바닥까지 이르렀다.

이것이 내가 예레미야애가를 사랑하는 이유다. 그 지독한 솔직함과 날 것 그대로의 감정은 신선한 충격을 준다. 나도 그 감정을 잘 안다. 나도 하나님의 목적이 알 수 없어서 깊은 절망과 슬픔에 빠졌던 적이 있다. 나도 하나님의 계획과 씨름해 본 적이 있다. 예레미야의 모습을 보며 나만 그런 것이 아님을 알게 되었고, 이는 큰 도움이 되었다. 당신도 나와 같기를 바란다.

혹시 절망감을 품고서 이 책을 읽고 있는가? '믿을 수가 없어. 이젠 희망이 없어. 하나님을 더 이상 믿을 수 없을 것 같아.' 그렇다면 예레미야애가 3장 20절이 당신을 위해 준비되어 있다.

내 마음이 그것을 기억하고 내가 낙심이 되오나(애 3:20).

이 구절이 성경에 포함된 데는 분명한 이유가 있다. 좋은 소식은 우리가 삶의 밑바닥으로 떨어져도 그곳에서 하나님이 우리를 만나 주신다는 사실이다.

애통은 검은 구름 속을 통과하면서도 긍휼을 찾는 이들의 언어다.

주께서 내 심령의 원통함을 풀어 주셨고

시각이 변한다. 예레미야는 고통을 솔직하게 토로하지만, 거기서 멈추지 않는다. 시편들이 불평에서 믿음으로 나아가는 것처럼 예레미야도 완전히 다른 시각으로 넘어간다. 성은 여전히 파괴되어 있다. 사람들은 여전히 고통으로 신음하고 있다. 하지만 뭔가 변했다.

여호와여 내가 심히 깊은 구덩이에서 주의 이름을 불렀나이다 주께서 이미 나의 음성을 들으셨사오니 이제 나의 탄식과 부르짖음에 주의 귀를 가리지 마옵소서 내가 주께 아뢴 날에 주께서 내게 가까이 하여 이르시되 두려워하지 말라 하셨나이다 주여 주께서 내 심령의 원통함을 풀어 주셨고 내 생명을 속량하셨나이다(애 3:55-58).

차이가 보이는가? 여전히 고난과 고통 가운데 있지만 어조가 달라졌다. 여기서 우리는 중요한 질문을 해야 된다. 애통의 영적 가치와 직접적인 연관이 있는 질문이다. 무엇이 변했는가? 좀 더 개인적인 질문으로 바꿔 보면, 내 시각이 어떻게 변할 수 있는가?

담대히 소망하다

예레미야애가 3장 21절이 열쇠다. 여기서 우리는 시편에서 배운 것들을 다시 발견할 수 있다. 이제 애통은 전환점을 맞는다. 예레미야의 말을 들어보자.

이것을 내가 내 마음에 담아 두었더니
그것이 오히려 나의 소망이 되었사옴은(애 3:21).

NLT(New Living Translation) 성경은 21절을 이렇게 번역한다.

하지만 이것을 기억하니 나는 담대히 소망할 수 있다.

(Yet I Still dare to hope when I remember this.)

여기서 우리는 한 가지 귀중한 교훈을 발견할 수 있다. 예루살렘의 파괴는 한 가지 메시지를 던지지만 그것이 메시지의 전부가 아니다. "마음에 담다" 혹은 "기억하다"로 번역된 히브리어는 존재의 중심 혹은 정수에 초점을 맞춘 단어다.[2] 다시 말해, 예레미야는 자기 믿음의 중심에서 소망을 길어내고 있다. 그는 자신의 믿음과 신학을 소망의 근거로 삼고, 다시 소망을 품기 시작한다.

이것이 3장의 중심이며, 두 부분을 잇는 다리다. 우리가 애통의 시편들에서 배운 것처럼, 예레미야는 담대한 요청과 믿음으로의 전환을 경험하고 있다. 이것이 개인적으로 당신에게도 전환점이 될 수 있다. 애통은 당신의 마음을 표현할 뿐 아니라 생각을 전환시키는 면에서도 가치가 있다. 애통은 힘든 순간에도 소망을 품을 수 있게 해 준다.

애통을 통해 우리가 믿는 바를 곱씹으면 믿음으로 살 수 있다. 니콜라스 월터스토프(Nicholas Wolterstorff)는《나는 사랑하는 사람을 잃었습니다》(Lament for a Son)에서 이렇게 말했다. "믿음은 틈을 건너야 할 때 우리도 모르게 우리를 떠받쳐 주는 다리와 같다."[3]

애통은 두려움에도 불구하고 드리는 믿음의 기도다. 이 마음가짐의 변화를 배우기를 바란다. 예레미야애가는 소망이 상황의 변화에서 오지 않는다는 점을 알려 준다. 소망은 힘든 상황 속에서도 이미 알고 있는 진리를 붙들 때 찾아온다. 다시 말해, 우리는 보이거나 느껴지는 것이 아니라 믿는 것으로 고난을 이겨야 한다. 인생의 상황도 내러티브를 갖고 있지만, 그 이면에 성경적인 내러티브가 있다. 팀 켈러는 《팀 켈러, 고통에 답하다》(*Walking with God through Pain and Suffering*)에서 이 점을 설명한다.

우리의 마음이 "절망적이야!"라고 말할 때 우리는 반박해야 한다. "무엇에 소망을 두느냐에 따라 달라진다. 옳은 것에 소망을 두었는가?"라고 말해야 한다. (시편 42편에서) 시편 저자가 자신의 소망을 어떻게 분석하고 있는지 보라. "내 영혼아, 네가 어찌하여 낙심하며." 그는 스스로를 꾸짖고 있다. "너는 하나님께 소망을 두라 … 내 하나님을 여전히 찬송하리로다." 시편 저자는 자신의 마음을 향해 하나님께로 가고, 하나님을 바라보라고 말하고 있다.[4]

지독히 어두운 순간에도 이렇게 말할 용기와 확신을 얻기를 바란다. "하지만 하나님이 어떤 분이신지 기억하리라. 내가 아는 진리를 곱씹으리라. 내가 믿는 바를 고백하리라. 담대히 소망하리라."

쉬운 일은 아니지만 사투를 벌여야 한다. 머릿속에서 부정적인 내러티브가 흐를 때 마음의 방향을 바꾸기 위해 자신과 싸워야 한다. '하나님은 나를 사랑하시지 않아. 하나님은 나를 돌봐 주시지 않을 거야. 하나님은 나를 버리셨어. 나는 혼자야. 하나님이 나를 생각하신다면 이런 일이 내게 일어났을 리가 없어.' 이런 생각과 싸워야 한다.

혹시 이런 상황에 처해 있는가. '과연 내가 할 수 있을까?'라고 생각하면서도 억지로 참고 이 책을 읽고 있는가? 소망을 찾아 책의 한 쪽을 힘겹게 넘기고 있는가? 그런 당신에게 말해 주고 싶다. 성경은 당신이 싸울 수 있다고 말한다. 하나님의 약속을 기억하면 소망을 얻을 수 있다고 말한다. 애통은 성경의 진리를 곱씹을 수 있게 해 준다. 애통을 통해 우리는 자신의 마음을 향해 성경의 진리를 선포하고 하나님의 성품과 그분의 궁극적인 긍휼이라는 렌즈를 통해 고통을 해석할 수 있다.

중요하기 때문에 다시 정리해 보자. 우리는 애통을 통

해 슬픔을 표현해야 한다. 하지만 동시에 우리가 믿는 진리를 곱씹어야 한다. 하나님의 성품과 그분의 궁극적인 긍휼이라는 렌즈를 통해 고통을 해석해야 한다. 중요한 진리들을 기억하면 상황의 소리와 머릿속의 소음에 대해 귀를 닫을 수 있다. 애통은 절망 속에서 다시 소망을 품을 수 있게 도와준다.

진리를 곱씹을 때
소망이 솟는 소망

예레미야애가 3장의 한복판(22-33절)에서 예레미야가 마음에 새긴 4가지 진리를 발견할 수 있다. 그의 전환점은 애통을 통해 마음을 쏟아내는 동시에 자신이 아는 진리에 소망을 둘 때 찾아왔다.

하나님의 긍휼은 끝을 모른다

어떤 고난이든 하나님의 긍휼이 끝났다는 의심을 일으킬 수 있다. 하지만 예레미야애가 3장 22-24절은 하나님의 인자가 심지어 검은 구름 아래서도 끝이 없다고 이야기한다.

이 두 구절을 천천히 읽어 보라. 읽을수록 위로가 될 것이다.

> 여호와의 인자와 긍휼이 무궁하시므로 우리가 진멸되지 아니함이니이다 이것들이 아침마다 새로우니 주의 성실하심이 크시도소이다 내 심령에 이르기를 여호와는 나의 기업이시니 그러므로 내가 그를 바라리라 하도다(애 3:22-24).

22절은 사랑에 해당하는 중요한 히브리어를 사용하고 있다. 그 단어는 '헤세드'(hesed)다. 이것은 하나님이 그분의 백성들을 향해 보이신 언약의 사랑이다. 이 사랑은 그분의 성품에서 비롯한다. 이 사랑은 하나님의 정체성의 본질이요 하나님이 그분의 백성들과 관계를 맺는 주된 방식이다. 하나님의 모든 행동은 헤세드에 뿌리를 두고 있다. 따라서 하나님의 백성들은 인자와 긍휼을 유지하는 그분의 능력에서 궁극적인 소망을 얻는다. 하지만 여기서 끝이 아니다.

23절에 따르면 이 긍휼은 아침마다 새롭다. 여기서 '새롭다'는 이 긍휼이 과거에는 존재하지 않았다는 뜻이 아니다. 구약학 교수 듀언 개럿(Duan Garrett)에 따르면, 이는 새로운 날이 올 때마다 우리가 은혜의 증거를 보며 회개하고 회복될 수 있다는 뜻이다.[5]

하나님은 우리에게 필요한 긍휼과 은혜를 매일 공급해 주신다. 우리가 고난을 버틸 수 있는 것은 하나님의 긍휼이 결코 바닥이 나지 않기 때문이다. 이것이 바로 우리가 믿어야 하는 약속이다. 나아가 하나님의 긍휼은 우리를 하나님께로 이끌어 준다. 24절을 보라.

> 여호와는 나의 기업이시니 그러므로 내가 그를 바라리라(애 3:24).

하나님이 모든 것을 거두어 가셔서 우리에게 그분밖에 남지 않아도 충분하다. 애통은 하나님의 헤세드라는 진리에 눈을 뜨게 해 준다. 애통은 하나님이 우리에게 필요한 전부임을 알게 해 준다.

가끔 나는 하루를 마치는 마지막 기도를 믿음으로 약속을 주장하는 애통의 기도로 드린다. 하루 종일 내 생각과 씨름하느라 지친 몸을 이끌고 침대에 오른다. 하루를 마무리하는 시간에 슬픔과 피로가 나를 짓누를 때 나는 다음과 같이 기도한다.

주님, 지치고 피곤합니다. 낙심이 됩니다. 내일 어떻게 다시 살아야 할지 모르겠습니다. 하지만 내일 눈을 뜰 때 당신의 긍휼이 새로워질 줄 믿습니다. 당신의 인자가 무궁해서 바닥이 나지 않는 줄 믿습니다. 제 앞에 놓인 일을 감당하기 위한 당신의 은혜가 충분할 줄 믿습니다. 당신께 소망을 두며 잠을 이루겠습니다.

애통의 기도를 통해 인생의 문제들을 솔직히 아뢰는 동시에 하나님의 인자와 긍휼이 무궁해서 절대 바닥이 나지 않는다는 사실을 다시금 기억해야 한다. 하나님만으로 충분하다. 그래서 우리는 검은 구름이 피어오르는 가운데서도 변하는 상황을 바라보는 것이 아니라 긍휼이 한이 없으신 하나님의 약속에 소망을 두어야 한다. 하나님의 긍휼은 끝나지 않는다.

기다림은 시간 낭비가 아니다

두 번째 진리는 지난 몇 십 년간 내게 가장 유익한 진리 중 하나가 되었다. 하나님이 역사하시거나 응답하시길 기다리는 것이 시간 낭비처럼 보일 때가 있다. 기다림이 철저한 시간 낭비처럼 느껴지기 때문이다. 예레미야애가 3장 25-27절은 고난과 회복 사이에서 사는 삶의 가치를 보여 준다. 애통은 기다릴 때 큰 도움이 된다.

기다리는 자들에게나 구하는 영혼들에게 여호와는 선하시
도다 사람이 여호와의 구원을 바라고 잠잠히 기다림이 좋도
다 사람은 젊었을 때에 멍에를 메는 것이 좋으니(애 3:25-27).

번역본이 아닌 히브리어 원문에서는 25-27절이 모두
'좋다'(토브, towb עו)로 시작된다.[6] 즉 다음과 같다.

선하시도다, 기다리는 자들에게나 구하는 영혼들에게 여호
와는. 좋도다, 사람이 여호와의 구원을 바라고 잠잠히 기다
림이. 좋으니, 사람은 젊었을 때에 멍에를 메는 것이.

하나님을 기다린다는 것은 그분께 소망을 둔다는 뜻이
다. 하나님이 우리를 구해 주실 수 있는 분이라고 믿는다는
고백이다. 우리는 하나님께 모든 소망을 두어야 한다. 우리
는 하나님이 아니기 때문에 하나님을 기다려야 한다.

기다림은 왜 그렇게 힘든가? 아무것도 하지 않는 시간
처럼 느껴지기 때문이다. 하지만 바로 이것이 기다림의 핵
심이다. 기다림은 우리가 아무것도 하지 않는 대신, 하나님

이 모든 것을 해 주시길 기대하는 것이다. 기다림은 믿음의 가장 큰 증거 중 하나다. 기다림은 하나님께 믿음과 소망을 두고 그분이 만사를 다스리신다는 확신을 표현하는 일이다. 물론 기다림은 스스로 삶을 통제할 수 없는 불편한 시간이다. 하지만 4장에서 말한 '적극적인 인내'가 기억나는가? 하나님은 기다림을 사용하셔서 가장 많이 성장시키신다.

단, 기다림은 결코 쉽지 않다. 어떤 일이 벌어질지 몰라 답답할 수 있다. 이런저런 생각이 많아질 수 있다. 온갖 혼란스러운 생각에 잠을 이루지 못하는 밤이 많아질 수 있다. 어떤 일이 벌어질지 모르기 때문에 기다림은 힘들다. 아무것도 하지 못하고 기다리기만 하면 자신이 무기력한 존재처럼 느껴질 수 있다. 우리는 답을 알기 원한다. 무슨 일이 벌어지고 있는지 알기를 원한다. 우리는 "도대체 왜 이런 일이 벌어지는가? 왜 삶이 뜻대로 풀리지 않는가?"에 대한 답을 원한다.

기다림의 시기에 저항하지 말고 그 시기를 중요한 교훈을 얻을 기회로 삼으라. 이것이 27절에서 사람이 젊은 시절에 멍에를 메는 것이 좋다고 말한 이유 중 하나다. 기다림의 가치를 일찍 깨닫는 것은 실로 귀한 선물이다.

기다릴 때 예레미야애가를 읽으며 기다림이 시간 낭비가

아니라는 사실을 계속해서 상기하라. 애통 중에 삶의 통제권을 내려놓고 이렇게 고백하라. "하나님, 당신이 무엇을, 왜하고 계신지 모르겠지만 당신이 하나님이시고 저는 하나님이 아니라는 사실을 기억하며 당신을 온전히 믿겠습니다."

하나님이 기다림을 허락하신다면, 이 시기에 좋은 것들이 나타날 수 있다는 사실을 늘 기억하라. 하나님은 우리에게 많은 교훈을 주기 원하시며, 그 교훈들은 주로 천천히 찾아온다. 철저히 깨져서 자신의 힘으로 하려는 죄의 습성을 멈추고 하나님의 이끄심을 따를 때 그 교훈들이 찾아온다. 고난의 한복판에 있는가? 하나님을 기다리는 것은 시간 낭비가 아님을 기억하라.

고난이 끝이 아니다

세 번째 진리는 미래에 대한 우리의 믿음과 관련이 있다. 고난 가운데 있다 보면 그 고난이 평생 지속될까 봐 혹은 그 고난에 아무런 목적이 없을까 봐 두려움을 느낄 수 있다. 이것이 성경에서 고난이 끝이 아니라고 분명히 말하는 이유다. 하나님의 목적과 성품, 미래에 관한 성경의 약속들은 고난과 고통이 궁극적으로 승리하지 못한다는 사실을 상기시키기 위해 주어진 것이다.

우리는 고통에 대해 애통할 뿐 아니라 기대감으로 미래를 바라보아야 한다. 예레미야애가 3장 31-32절은 희망과 격려의 메시지를 담고 있다.

이는 주께서 영원하도록 버리지 아니하실 것임이며 그가 비록 근심하게 하시나 그의 풍부한 인자하심에 따라 긍휼히 여기실 것임이라(애 3:31-32).

이 구절들은 모든 고난에는 한계와 목적이 있음을 알려 준다. 우리를 향한 하나님의 계획이 연민과 무궁한 사랑으로 가득하다고 말한다. 신자들의 삶 속에서는 하나님의 사랑 계획에 따라 모든 것이 선을 이룬다.

언젠가는 하나님께서 우리의 고난 가운데 개입해 주실 것이다. 애통은 "이것이 끝이 아니다!"라고 단호하게 선포하는 방법 중 하나다. 고통만큼 미래를 향한 큰 갈망을 낳는 것도 없다. 잠시 이 책을 내려놓고 "하나님, 끝이 아닌 줄 믿습니다"라고 믿음의 고백을 해 보길 바란다. 크리스천들은 믿음의 결과를 눈으로 볼 날을 갈망한다. 그때까지 우리는 믿음으로 애통해야 한다.

내가 즐겨 찾는 애통의 장소 중 하나는 사산한 딸을 묻은 묘지다. 한겨울에 작은 관을 차가운 흙 속에 넣던 순간의 깊은 상실감이 지금도 생생하다. 우리 부부에게 장례를 마치고 떠나오던 순간만큼 고통스러웠던 적은 없었다. 고통스러운 기억이 있는 곳에 다시는 가고 싶지 않을 것 같지만, 오히려 정반대다.

실비아의 묘비에는 욥기 1장 21절 중 "여호와의 이름이 찬송을 받으실지니이다"가 새겨져 있다. 이 말은 죽음의 비극에 대한 작은 저항의 몸짓이다. 이는 죽음 앞에서도 하나님을 찬양하겠다는 의지의 표현이다. 나는 그 묘비 앞에 서서 눈물을 흘리며 선포했다. "아직 끝이 아니다! 언젠가 주님이 돌아오셔서 이 상황을 바로잡으실 것이다."

그래서 나는 딸의 무덤을 즐겨 찾는다. 그곳에 갈 때마다 지난 슬픔과 고통 속에서 주님이 연민을 보여 주셨을 뿐 아니라 언젠가 무덤들이 비고 죽음이 패하는 날이 올 것이라는 사실을 기억하게 된다. 애통은 미래의 승리로 우리의 마음을 향하게 해 준다. 우리는 눈물을 흘리는 가운데서도 아직 끝이 아니라는 사실을 믿을 수 있다.

하나님은 항상 선하시다

예레미야애가 3장 33절을 보자.

주께서 인생으로 고생하게 하시며 근심하게 하심은 본심이
아니시로다.

이 구절은 예루살렘과 성전의 파괴를 비롯한 모든 근심
의 상황들이 하나님의 본심이 아님을 말한다. 하나님은 자
기 백성들의 고난을 즐기시지 않는다.

하나님은 자녀들의 고통을 즐거워하시지 않는다. 사실,
모든 눈물의 이면에는 사랑이 바탕되어 있다. 하지만 우리
는 이를 놓치는 순간이 많다.

우리는 하나님의 역사 전체를 알지 못한다. 물론 가끔
하나님의 목적이 눈에 보일 때도 있다. 하지만 대개는 그 목
적이 그렇게 분명하게 보이지 않는다. 그래서 우리는 하나
님이 선하시다고 전적으로 그냥 믿어야 한다. 하나님의 의
도가 선하다고 믿어야 한다. 고통과 고난이 궁극적으로 우
리의 유익을 위한 것이기 때문이다. 그리스도의 제자라면
삶 속의 모든 일이 자신을 향한 하나님의 선한 계획의 일부
라고 확신할 수 있다. 하나님은 우리의 고난을 즐거워하시
지 않지만 그분의 선한 뜻에 합당한 뭔가를 우리 안에 이루
기 위해 고난을 사용하신다. 애통을 통해 우리는 고통에도
목적이 있음을 기억할 수 있다. 하나님은 항상 선하시다.

실비아의 기일은 당연히 슬픈 날이다. 매년 그날이 오면 나는 이 책에서 소개한 진리들을 되새긴다. 금년에는 내 고통에 대해 애통하고 하나님의 은혜를 축하하는 시 한 편을 썼다. 이는 하나님의 선하심을 다시 마음에 새기기 위한 나의 작은 노력 중 하나다.

어두움이 드리운 날
배 속에 침묵이 내린 날
아름답게 형성된 아기
아홉 달 동안 잉태되었으나 사산되었네.

작은 관, 지독히 차가운 땅
말할 수 없는 슬픔을 안고 무덤가를 떠난다.
맴도는 슬픔, 상처 난 삶
고단한 13년 세월

"너를 절대 버리지 않겠다."
그 세월 내내 한결같이 지켜진 하나님의 약속
나를 지탱해 준 은혜, 가득 채워진 영혼
지금까지 믿게 해 주심 놀랍네.

길들여지지 않는 슬픔으로 무너진 마음

하지만 여전한 고통 가운데서도 그 이름을 믿네.

나의 왕께서 믿음으로 보는 것을 눈으로 보게 해 주셨네.

만물을 회복시킬 권리를 피로 사셨네.

상실의 기억 속에서도

십자가로 인해 승리를 보네.

간절히 듣기를 원했던 작은 심장박동

대신 하나님이 가까이 오셨네.

주권적인 계획, 불가하지만

나는 찬송하기로 선택하네.

고난은 힘들지만 힘든 것이 꼭 나쁜 건 아니네.

주신 모든 은혜를 부여잡으리.

빈 아치 침대와 고통스러운 날

죽음, 내가 여전히 미워하는 적

하지만 그 가운데서 손을 보았네.

주권적인 계획을 품고 계신 사랑 많으신 하나님의 손을

애통 가운데 우리는 믿는 바를 다시 고백해야 한다. "하나님의 긍휼은 끝이 없다." "기다림은 시간 낭비가 아니다." "고난이 끝이 아니다." "하나님은 항상 선하시다." 우리는 스스로에게 이렇게 말해야 한다.

"내 눈에 어떻게 보이든, 어떻게 느껴지든 상관없이 하나님은 선하시다." 두려움과 혼란 가운데서도 애통은 우리를 이미 우리가 알고 있는 진리로 이끌어 준다. 애통은 하나님의 성품과 궁극적인 긍휼이라는 렌즈를 통해 고통을 해석하게 해 준다. 애통은 우리의 슬픔을 표현하는 동시에 우리가 믿는 진리를 마음에 새길 기회가 되어 준다. 예레미야애가 3장은 성경 전체에서 이 점을 가장 잘 보여 주는 부분 중 하나다. 잿더미가 되어 연기가 피어오르는 예루살렘 성을 보며 예레미야는 선포했다. "그분의 긍휼은 끝이 없다." 애통은 우리를 슬픔에서 하나님 약속의 진리로 이끌어 준다.

이 애통의 노래는 다시 소망을 품을 용기를 준다. 어둠이 짙게 깔릴 때 우리는 애통하며 선포할 수 있다. "하나님의 인자는 무궁하다." 소망은 진리를 곱씹을 때 찾아온다.

내가
목매달고 있는
우상이 드러나다

(애 4장)

슬프다
어찌 그리 금이 빛을 잃고
순금이 변질하였으며
성소의 돌들이 거리 어귀마다
쏟아졌는고(애 4:1).

2012년 11월 7일 아침, 나는 타국의 나그네가 된 것 같은 기분을 느꼈다. 그 기분이 정말 싫었다. 그날은 대선 다음날이었는데, 충격적인 국민 투표 결과가 나왔다. 3개의 주가 동성 결혼의 합법화를 압도적으로 지지했다. 메릴랜드 주, 메인 주, 워싱턴 주 유권자들은 결혼에 대한 근본적인 재정의를 선택했다.

한편, 미네소타 주의 유권자들은 전통적인 결혼법 수정 조항을 거부했다. 나아가, 2개의 주는 마리화나 사용을 승인했다. 미국의 도덕적 판도가 완전히 바뀌었다. 그 투표 결과가 그런 변화를 분명히 보여 주었다. 물론 이는 전혀 새로운 이슈가 아니었다. 하지만 변화의 속도는 무서울 정도였다.

이 일이 있기 전에도 성경이 나를 나그네로 불렀다는 사실을 알고 있었다(벧전 2:11). 하지만 그날 아침 투표 결과를 보고 논평을 듣노라니 내가 나그네라는 사실을 그 어느 때보다도 실감하게 되었다. 앨 몰러(Al Mohler)는 블로그에 자신의 심정을 다음과 같이 정리했다.

지금 미국은 새로운 도덕적 지형을 마주하고 있다. … 우리는 정치적 도전보다 훨씬 더 거센 세계관의 도전을 마주하고 있다. 결혼, 성, 생명의 존엄성을 비롯한 다양한 도덕적 이슈에 관한 우리의 신념을 국민들에게 설득시킬 방법을 찾아야 한다.[1]

안타깝게도 그 시기의 크리스천들 사이에서도 몰러와 같은 냉정한 시각을 찾아보기는 힘들었다. 그보다는 놀라거나 분노한 신자들을 더 자주 볼 수 있었다. 어떤 이들은 안색이 변했다. 어떤 이들은 낙심과 실망을 이야기했다. 어떤 이들은 정치인들에 대한 노골적인 혐오감을 드러냈다. 그 시기에 나는 국가를 구하기 위해 교인들에게 적극적인 정치적 행동과 로비를 촉구해야 한다는 요청을 수없이 받았다. 하지만 이는 시작일 뿐이었다.

이후 계속해서 여러 '문화 전쟁'이 벌어지는 동안 크리스천들은 기독교를 밀어내는 세상 문화에 대해 매번 똑같은 반응을 보였다. 많은 사람이 나처럼 나그네가 된 심정을 느끼고 있었다. 이는 보통 힘든 일이 아니었다. 내가 아는 대부분의 사람들이 나그네가 되는 법을 몰랐다. 그리고 나그네가 되기를 원치 않았다.

애통,

나그네의 언어

이 현상을 감지한 것이 내가 8주간 예레미야애가를 본
문으로 설교한 이유였다. 내가 이토록 어두운 주제에 두 달
을 할애한다고 하자 내 동료 목사들은 하나같이 난감해했
다. 우리 교회 교역자들 중에서도 교인들의 반응을 걱정하
는 이들이 적지 않았다. 하지만 결과적으로, 그 시기는 내
평생에 가장 유익한 시간이었다.

우리 교회는 예레미야애가를 공부하면서 걱정과 두려
움을 표현할 언어를 얻었다. 하지만 그것이 전부가 아니다.
예레미야애가 공부는 세상과 우리를 새로운 렌즈로 볼 수
있게 해 주었다. 예레미야애가를 깊이 파헤치면서 숨은 우
상들이 드러났다.

예레미야애가는 고난에 애통하되, 단순히 상실 때문에
애통하지 않는다. 예레미야애가는 하나님 외에 다른 것을
믿는 것이 얼마나 헛된지를 보여 주는 기념물이다. 예레미
야애가는 세상 문화에 흔한 신앙의 대상들에 대해 애통한
다. 그런 의미에서 예레미야애가는 혼란스러운 문화 속에
서 중요한 교훈들을 담은 교과서라고 할 수 있다. 애통은

헛된 신앙의 대상들을 떠나 나그네가 되라고 촉구하는 언어다.

예레미야애가 4장,
우상 드러내기

세상이 망가졌고 하나님은 거룩하시다는 사실을 이해하는 것이 중요하고, 진리를 곱씹을 때 소망이 솟는다는 점을 살펴보았다. 이제는 애통이 우리가 너무 큰 희망을 두고 있는 것들을 드러낸다는 점을 살펴보자.

인생을 투명한 액체가 가득하고 바닥에 침전물이 있는 컵이라고 생각해 보라.[2] 컵을 가만히 두면 속이 투명하게 잘 보인다. 하지만 컵을 흔들면 침전물이 흩어진다. 그러면 더 이상 속이 투명하게 보이지 않는다. 고난은 우리 삶이라는 컵을 흔든다. 고난은 우리가 망각하고 있거나 숨겨 온 침전물을 휘저어 어지럽게 만든다. 두려움, 교만, 탐욕, 자기의존이 우리 삶의 밑바닥에서 잠자고 있다. 하지만 고난은 이런 은밀한 적들을 드러낸다.

고난은 우상들을 드러낸다. 내가 왜 '우상'이란 표현을 사용했을까? 성경에서 우상은 하나님의 자리를 차지한 신앙의 대상이다. 구약에서 우상숭배는 비나 가축의 건강을 기대하며 천둥이나 다산의 신에게 절하는 것을 말한다. 하지만 우상숭배는 현대 시대에도 이어지고 있다. 팀 켈러는 《내가 만든 신》(Counterfeit Gods)에서 우상숭배의 현대적 정의를 다음과 같이 말했다.

무엇이 우상인가? 우리에게 하나님보다 더 중요해진 것, 우리의 마음과 생각을 하나님보다 더 사로잡고 있는 것, 우리가 오직 하나님만 주실 수 있는 것을 찾는 대상이 다 우상이다. 우리 삶에 너무도 중요해서 그것을 잃으면 도저히 살아갈 수 없을 것만 같은 것, 그것이 가짜 신이다.[3]

우리는 원하는 것을 우상이 줄 수 있다고 믿기 때문에 우상을 숭배하고 우상의 통제를 받는다. 우리가 우상을 숭배하고 있는지 가장 확실하게 알 수 있는 방법은 그것을 잃었을 때의 반응을 보는 것이다. 켈러는 슬픔과 절망을 이렇게 구분한다. "슬픔은 여러 좋은 것들 중 하나를 잃을 때 찾아온다 … 하지만 절망은 달랠 길이 없다. 그것은 절망이 '궁극적인' 것을 잃을 때 찾아오기 때문이다. 의미나 소망의

궁극적인 원천을 잃으면 더 이상 기댈 곳이 없어진다. 그러면 정신이 붕괴된다.[4]

상실을 겪었던 순간을 생각해 보라. 매일 눈물을 흘렸던 시기를 떠올려 보라. 그때 당신에 관해서 무엇을 배웠는가? 인생의 폐허 위에서 어떤 교훈들을 발견했는가? 어떤 우상들이 드러났는가?

혹시 지금 슬픔의 계절을 지나고 있는가? 인생의 컵이 마구 흔들리고 있는가? 그렇다면 지금 배워야 할 중요한 교훈들이 있음을 알기를 바란다. 슬픔을 통해 마음속에 무엇이 있는지 확인하기를 바란다. 당신이 너무 많은 희망을 걸고 있는 것들을 밝혀 달라고 기도하라. 고통은 예배의 통로가 되는 것 못지않게 영적 성장과 회개의 통로가 될 수 있다.

예레미야애가 4장에서 우리는 유익하지만 불편한 애통을 발견할 수 있다. 라승찬(Soong-Chan Rah)은 *Prophetic Lament*(예언자적 애통)에서 예레미야애가 4장이 "성공과 힘의 상징들이 해체되는" 모습을 보여 준다고 말한다.[5] 다시 말해, 예레미야애가 4장은 상실에 대한 슬픔을 표현할 뿐 아니라 그릇된 믿음에 대해 애통한다. 당신의 문화나 도시 혹은 삶이 무너져 내리고 있다면 이 애통에서 많은 것을 배울 수 있을 것이다.

자, 예레미야애가 4장에서 발견되는 5가지 우상을 파헤쳐 보자.

재정적인 안정에 목을 매다

예레미야애가 4장은 예루살렘의 안정적이고도 영광스러운 부가 사라진 것에 대한 애통으로 시작된다.

어찌 그리 금이 빛을 잃고 순금이 변질하였으며(애 4:1).

예루살렘은 이스라엘의 경제적, 영적 중심지였다. 웅장한 구조와 빛나는 보석들을 자랑하는 성전이 높이 솟아 있었다. 언약궤, 성전 벽, 그릇들 심지어 방패도 귀금속으로 만들어졌다(왕상 6:20-22). 사방이 황금 천지였다. 이 황금은 부와 영광을 상징한다. 그런데 이제 이 황금이 빛을 잃었다. 심지어 성경은 다음과 같이 설명한다.

성소의 돌들이 거리 어귀마다 쏟아졌는고(애 4:1).

도시는 영광을 잃었고 성전은 파괴되었다. 소중한 상징

물들이 먼지로 뒤덮인 폐허 위를 나뒹굴었다. 성전과 그 황금에 대한 모든 믿음이 사라졌다.

알다시피 돈은 힘이 있다. 돈은 안정을 제공한다. 돈은 정체성을 낳는다. 돈은 선택의 폭을 넓혀 준다. 그래서 조심하지 않으면 우리가 돈에 의지하고 메이게 된다. 이것이 실직이나 사업 실패, 문 닫은 공장들이 언제 무너질지 모르는 재정적 안정에 대한 우리의 지나친 믿음을 돌아볼 기회인 이유다. 주가가 떨어지거나 해고 통지를 받으면 상실의 애통 가운데 재정적인 안정에 믿음을 두었던 자신의 어리석음을 깨닫게 된다.

돈이 주는 안정이나 재정적 손실에 대한 두려움은 하나의 우상이 되기 쉽다. 고난이나 재정적 스트레스는 돈이 주는 안정에 대한 우상숭배적인 집착을 드러낼 수 있다.

몇 년 전 우리 부부는 장모님을 집 근처로 모시기 위해 경매로 나온 집을 샀다. 그 집은 처음부터 끝까지 완전한 리모델링을 필요로 했다. 그 집을 사기 위해서는 살던 집을 팔고 임시로 머물 공간을 찾아야 했으며, 큰 공사를 어떻게 진행할지 계획해야만 했다. 나는 밤낮없이 계획을 짜고 비용을 계산하고 건축업자를 섭외하고 건축비를 절약할 방법을 고민했다. 그런데 좋은 결정을 내리고 싶은 마음이 너무

강하다보니 실수를 할까 봐 두려워졌다.

최대한 좋은 결정을 내리려는 마음이 자기중심적인 걱정으로 변질되었다. 매일같이 머릿속에는 숫자와 온갖 선택 사항들이 맴돌았다. 뭔가를 놓칠지 모른다는 걱정에 숫자들을 점검하고 또 점검하기를 끝없이 반복했다. 점점 밤잠을 설치기 시작했다. 기도에도 집중하기 힘들었다.

그때 정신을 차리게 해 준 것이 어느 장례식에서의 애통이었다. 우리와 친하게 지내던 한 부부가 십대 아들의 죽음이라는 비극을 겪게 되었다. 그 아이는 스스로 목숨을 끊었다. 나는 교회 뒤편에 앉아 이 부부의 슬픔에 귀를 기울였다. 교회당 안은 슬픔으로 가득했다. 장례식 중에 내가 겨우 집 문제로 걱정한다는 사실이 부끄러워졌다. 뭘 그렇게 걱정하는가? 왜 종일 집 생각만 하고 있는가? 이 부부의 상황에 비하면 내 상황은 아무것도 아니었다. 이 부부의 장례식장에서 나의 우상 하나가 드러났다.

나는 재정적인 안정에만 정신이 팔린 채로 장례식이 치러지는 예배당에 들어갔다. 내 '짐'이 심히 무겁게 느껴졌다. 하지만 장례예배 중에 정신이 번쩍 들었다. 눈앞의 슬픔에 비해 돈에 대한 내 걱정과 두려움은 너무도 얄팍하고 어리석어 보였다. 나는 뒤편에 앉아 회개하며 내 힘과 계획을 의지하려고 했던 것을 용서해 달라고 기도했다.

돈은 우리 삶의 표면 아래에서 흔히 찾아볼 수 있는 우상이다. 돈이 은밀히 우리를 사로잡는다는 것을 아는가? 우리는 성공의 증거나 새로운 물건이 주는 일시적인 만족, 가족이나 미래의 안정을 얻기 위해 돈을 추구한다. 어떤 경우든 돈은 믿음의 대상이 되기가 쉽다. 상실이나 불확실성이 찾아오면 이 우상이 얼마나 빨리 추악한 고개를 다시 드는지 모른다. 애통 중에 우리가 스스로 삶을 통제할 수 있다고 믿는 것, 재정적인 안정을 믿는 것이 얼마나 어리석은지를 절감한다.

사람을 구원자처럼 여기다

고통은 두 번째 그릇된 믿음의 대상을 드러낼 수 있다. 우리는 종종 사람들이 문제를 해결해 줄 수 있다고 믿는다. 고통은 이 믿음이 얼마나 허상인지를 똑똑히 보게 만든다. 정치든 비즈니스든 종교든 우리는 너무도 쉽게 남들에게 희망을 건다. 이것이 우리가 인기인과 권력자들에게 쉽게 빠져서 헤어나오지 못하는 이유다. 우리는 그들을 통해 대리 만족을 얻는다. 우리는 '우리 사람들'이 정권을 잡으면 세상이 좋아질 것이라고 믿는다.

예루살렘 성에서 무너져 내린 것은 금만이 아니었다. 리더가 대중의 삶을 개선해 줄 수 있다는 희망이 무너졌다. 국가의 문화가 "질항아리"처럼 산산이 부서졌고(애 4:2) 누구도 그 파괴를 멈출 수 없었다. 부자들은 잿더미에서 음식 쓰레기를 뒤지고 있었다(애 4:5). 한때 아름다움과 명예를 다 가졌던 귀족들은 이제 완전히 망가져서 그들을 알아보는 이들이 아무도 없었다(애 4:8-9). 심지어 왕도 포로로 잡혀갔다. 예레미야 39장 1-10절은 시드기야 왕이 몰래 도시를 빠져나가다가 붙잡힌 비극적인 사건을 기록하고 있다. 그의 자손들은 학살되었고 그는 눈이 뽑혀 바벨론으로 끌려갔다. 예레미야애가는 이 가슴 아픈 사건을 묘사한다.

우리의 콧김 곧 여호와께서 기름 부으신 자가 그들의 함정에 빠졌음이여 우리가 그를 가리키며 전에 이르기를 우리가 그의 그늘 아래에서 이방인들 중에 살겠다 하던 자로다(애 4:20).

이 애통은 인간의 리더십에 한계가 있음을 보여 준다. 인간이 만든 정부, 경제 이론, 국방의 힘은 한계가 있다. 이런 시스템과 그것을 관리하는 이들은 연약한 존재이다.

애통은 인간 리더들에게 건 너무 큰 희망이 얼마나 위험한지를 일깨워 준다. 예레미야애가는 우리의 구원자는 대법원이나 백악관, 회사 중역실, 교회 설교단 뒤에 있지 않다는 사실을 가르쳐 준다. 불확실성과 상실의 시기에 우리는 하나님 외에 다른 사람에게 궁극적인 소망을 두는 것이 얼마나 헛된지를 절실히 깨닫게 된다.

우리의 개인적인 관계에서도 마찬가지다. 힘들 때 좋은 친구가 도움이 될 수는 있지만 그가 우리의 마음을 완벽하게 치유해 줄 수는 없다. 우리 영혼에는 인간이 채울 수 없는 공간이 있다. 친구로 그 공간을 채우려고 하면 실망할 수밖에 없다. 우리가 다른 누군가의 마음속에 있는 이 공간을 채우려고 하면 좌절할 수밖에 없다. 다른 사람들이나 스스로를 구세주처럼 대하는 것은 미묘한 형태의 우상숭배다. 왜냐하면 우리의 믿음은 하나님만 향해야하기 때문이다.

이는 내가 고통스러운 경험을 통해 배운 교훈 중 하나다. 실비아를 잃고 나서 나는 아내의 마음속에 내가 채울 수 없는 공간이 있음을 절감했다. 내가 아무리 격려하고 기도하고 안아 줘도 아내의 고통을 완전히 멈추기에는 역부족이었다. 내가 아내의 곁을 지킬 수는 있지만 아내를 치유해 줄 수는 없었다. 나는 아내의 마음속에서 용솟음치는 고통을 멈출 수 없었다. 내가 아무리 애를 써도 아내의 마음 속에는 슬픔이 남아 있었다.

다행히 아내는 내게 치유의 희망을 걸지 않았다. 내가 아내 마음속의 공간을 채우려고 노력했지만, 결국 하나님 이 우리 둘에게 필요한 치유를 가져다 주셨다. 나는 아내 를 온전히 돕지 못하는 나 자신에 대해 자주 애통했다. 이 애통은 슬픔의 표현이기도 했지만, 내가 나의 우상이 될 수 있다는 자각의 표현이기도 했다.

삶의 상실은 남들에게 너무 큰 기대를 걸 때 빠질 수 있 다. 슬픔이 당신의 마음속에 만들어 낸 공간을 남들의 애정 이나 관심으로 채우려고 하는가? 친구나 목사, 배우자, 자 녀에게 비현실적인 기대를 품고 있는가? 나아가 슬픔은 우 리의 관심을 내부로 돌려, 자신의 힘과 계획을 의지하게 만 들 수 있다. 하지만 애통의 첫 번째 단계는 가장 친한 사람 이나 자신을 향한 것이 아닌 하나님을 향하는 것임을 기억 하라.

예레미야애가 4장은 자신을 포함해서 다른 인간을 궁 극적인 믿음의 대상으로 삼는 것이 헛된 행동임을 일깨워 준다.

예루살렘을 뒤덮은 절망의 검은 구름은 사람들이 서로를 대하는 태도를 완전히 바꾸어 놓았다. 당연히, 나쁜 쪽으로 바뀌었다. 사회 가치들이 무너져 내렸다. 사람들은 잔인해졌다. 심지어 짐승들 사이에서 볼 수 있는 연민조차 찾아볼 수 없게 되었다(애 4:3). 무기력한 젖먹이들이 굶주렸다. 아이들이 먹을 것을 달라고 울부짖어도 "떡을 … 떼어줄 사람이 없"었다(애 4:4). 절망이 도시를 감쌌고 사람들은 쇠약해졌다(애 4:9).

이 어두운 장의 목적은 예루살렘의 사회적인 조직이 완전히 무너졌음을 보여 준다. 도시와 국가의 문화적 기준들이 무너져 내렸다. 기본적인 관계들이 망가졌다. 연민은 세상에서 사라져버렸다. 예레미야는 애통 중에 이 타락을 조명한다. 그는 인간 사회가 어디까지 망가질 수 있는지를 정확히 보여 준다.

우리 교회는 예레미야애가를 공부하면서 우리 문화의 사회악을 조명해 보기로 했다. 우리는 주변의 망가짐과 잔인함을 너무 쉽게 무시하고 있었다. 인디애나폴리스 북부 교외는 정말로 살기 좋은 곳이다. 실제로 한 유명 잡지에서 인디애나폴리스를 미국에서 가장 살기 좋은 곳으로 소개하기도 했다. 안전과 교육, 저렴한 집값, 높은 가계 소득이 어우러져 그야말로 낙원이라고 불러도 손색이 없다.

하지만 평화와 안전은 표면 바로 아래 혹은 불과 몇 킬로미터 떨어진 곳의 문제를 무시하게 만들 수 있다. 교외의 외부인 출입 제한 주택지 안에서 편안하게 살다보면 세상의 문제들이 눈에 들어오지 않기 쉽다. 예를 들어, 우리 교회에서 약 8킬로미터 떨어진 곳에 인디애나 주에서 가장 큰 낙태 시술 병원 중 하나가 있다. 거대한 소나무 숲 뒤에는 매일 태어나지 않은 수많은 아이를 살해하는 평범해 보이는 건물과 주변 지역들을 연결하는 도로가 나 있다. 그 도로에는 매일 병원을 찾는 차들이 줄을 잇는다. 나는 애통에 관한 설교에서 간과하기 쉬운 비극적인 통계들을 소개했다. 그것은 미국에서 매일 약 2천 5백명의 아기들이 낙태되고, 로 대 웨이드 판결(Roe v. Wade) 이후 6천만 명 이상의 아기들이 목숨을 잃는다는 것이다. 이어서 나는 온 교인에게 애통을 촉구했다.

자, 태어나지 못한 수백만 명의 아이들에 대해 애통합시다. 우리 땅에서 흘려지는 무고한 피에 대해 애통합시다. 엄마가 자신의 몸이 아기의 몸보다 소중하다고 판단하는 순간에 대해 애통합시다. 편의만을 따지고 낙태한 아기들의 장기를 밀거래하는 행태에 대해 애통합시다. 낙태를 선택권 찬성이라고 부르는 교묘한 말장난에 대해 애통합시다. 매일 고통과 후회와 싸우는 이들에 대해 애통합시다. 이런 일이 너무 흔하고 당연시되는 문화에 대해 애통합시다.

얼마 뒤, 나는 인디애나 주 성폭력근절연합(Indiana Coalition to End Sexual Assault)에서 섬기는 우리 교인에게 또 다른 애통의 기도를 인도하게 했다. 변호사인 그는 성폭력의 심각성에 대한 의식을 높이고 성폭력 가해자들을 제대로 처벌하기 위해 영향력 있는 리더들과 협력하고 있었다. 그는 우리 지역의 안타까운 성폭력 실태를 다음과 같이 정리했다.

충격적인 사실은 인디애나 주의 여고생 성폭력 발생률이 전국에서 두 번째라는 것입니다. 우리 주 곳곳에서 아동 성폭력 사례가 늘어나고 있는데, 대부분이 신고되지 않고 있습니다. 우리가 흔히 지구 반대편에서만 벌어지고 있다고 생각하는 인신매매가 바로 이곳 인디애나 주에서 벌어지고 있습니다. 그리고 희생자의 평균 나이는 12-14세입니다.

그의 말로 인해 예배당 안에는 불편한 정적이 흘렀다. 사람들은 그 말의 무게를 느끼고 있었다. 인디애나폴리스가 소녀들의 착취가 수시로 벌어지는 곳이라는 사실을 알았던 교인은 거의 없었다. 애통의 기도를 시작하기 전에 그 교인은 이렇게 촉구했다. "이 잔인한 행위에 우리는 애통해야 마땅합니다. 이 말을 가슴 깊이 새기십시오. 애통하며 기도합시다. 그리고 이 상황을 바꾸기 위해 행동합시다."[6]

애통의 기도는 사회의 실상을 보는 눈을 뜨게 해 줄 수 있다. 애통할 때 우리는 세상의 신음소리에 고개를 돌리거나 귀를 막는 대신, 그 고통 속으로 들어갈 수 있다. 애통은 세상 문제들과 동떨어진 나만의 천국에서 살려는 욕구의 우상을 무너뜨릴 수 있다.

세상의 문제들을 모른 척하고 있는가? 잠시 기도하면서 당신의 마을이나 도시의 신음에 동참하는 시간을 가져보라. 가난의 대물림, 이혼, 미성년자의 임신, 인종차별, 실직, 마약 중독 같은 사회악들에 관해 하나님께 도움을 간청하라. 신문을 읽거나 뉴스를 보면서 절망이나 혐오보다는 애통으로 나아가라. 주변 세상의 문제들에 애통하며 무뎌진 마음을 부드럽게 만들라. 우리는 세상의 울부짖음을 모른 체하지 말고 함께 애통해야 한다.

영적 리더들을 우상화하다

문화적 위기는 영적 리더들에게도 직접적인 영향을 미친다. 예레미야애가에서 도덕적 권위는 사라졌다. 예레미야는 의로워야 할 사람들이 신뢰를 잃은 현실에 대하여 애통한다. 영적 리더들은 국가의 부패에 동조했다(애 4:13). 그 결과 그들은 비극적인 열매를 거둔다. 예레미야는 영적 리더들을 눈이 멀어 방황하고 고립되고 더러워진 사람들로 묘사한다(애 4:14). 사람들은 그들을 보며 "부정하다"라고 소리를 쳤다(애 4:15). 누구보다도 정결해야 할 영적 리더들이 그런 비난을 받다니 아이러니가 아닐 수 없다. 그들의 명예는 바닥까지 실추했다(애 4:16). 요컨대, 종교 리더들은 신뢰와 영향력을 잃었다. 그들은 망가진 문화 속에서도 외면당하는 존재로 전락했다.

예레미야애가 4장은 영적 리더들이 어디까지 무너질 수 있는지를 보여 준다. 영적 리더의 자리에 있는 이들은 이런 애통을 준엄한 경종으로 삼아야 할 것이다. 종교 리더들의 영적 냉담은 이스라엘이 길을 잃은 이유 중 하나였다. 예레미야애가 4장의 애통은 영적 리더십의 부재와 하나님의 징계 사이의 관계를 보여 준다.

우리는 교회의 정치적 영향력을 이용해서 문화 전쟁에

서 이기려하기 보다는 먼저 거울 속 자신의 모습을 자세히 들여다봐야 한다. 영적 리더들은 끊임없는 자기성찰과 회개의 본을 보여 주어야 한다. 포로로 끌려가 타지의 나그네가 되면 세상만이 아니라 교회의 영적 표류에 대해 애통하게 된다. 우리도 다니엘처럼 애통해해야 한다.

… 크시고 두려워할 주 하나님 주를 사랑하고 주의 계명을 지키는 자를 위하여 언약을 지키시고 그에게 인자를 베푸시는 이시여 우리는 이미 범죄하여 패역하며 행악하며 반역하여 주의 법도와 규례를 떠났사오며 우리가 또 주의 종 선지자들이 주의 이름으로 우리의 왕들과 우리의 고관과 조상들과 온 국민에게 말씀한 것을 듣지 아니하였나이다 주여 공의는 주께로 돌아가고 수치는 우리 얼굴로 돌아옴이 오늘과 같아서 유다 사람들과 예루살렘 거민들과 이스라엘이 가까운 곳에 있는 자들이나 먼 곳에 있는 자들이 다 주께서 쫓아내신 각국에서 수치를 당하였사오니 이는 그들이 주께 죄를 범하였음이니이다 주여 수치가 우리에게 돌아오고 우리의 왕들과 우리의 고관과 조상들에게 돌아온 것은 우리가 주께 범죄하였음이니이다 마는(단 9:4-8).

우리가 영적 리더들을 우상화하지 않고, 영적 리더들이 회개의 본을 보여 준다면 사라진 영적 권위는 다시 회복될 수 있다. 나는 고등학교 때 처음 교회의 징계를 목격했다. 예배가 끝났는데도 자리에 남아 달라는 담임목사님의 요청에 따라 다른 교인들과 함께 작은 예배당에 앉아 있었던 순간이 지금도 생생히 기억난다. 담임목사님은 그 전에는 한 번도 보지 못했던 슬픔이 가득한 표정으로 교인들 앞에 섰다. 그 얼굴은 말 그대로 잿빛이었다.

담임목사님은 무거운 어조로 기나긴 실망의 길을 끝낼 때가 왔다고 선포했다. 내가 개인적으로 알고 지내던 주일학교 부장이 아내와 자식들을 버리고 다른 여자에게로 갔다. 그는 겉으로는 누구보다도 독실한 신앙인이었다. 하지만 담임목사님을 비롯한 교인들의 설득에도 그는 회개할 줄 몰랐다. 무거운 분위기 속에서 교인들은 그의 퇴출을 결정하는 투표를 했다. 우리는 그의 신앙이 이후에라도 회복되기를 간절히 바랐다. 리더들의 기도와 교인들의 눈물 속에서 나는 영적 리더도 무너질 수 있다는 충격적인 사실을 처음 알았다.

리더의 몰락은 언제나 뼈저리게 아프다. 예레미야애가 4장은 영적 권위의 상실에 애통하는 가운데 종교 리더들의 외적인 영성에 너무 큰 희망을 거는 것이 얼마나 위험한지를 깨닫게 해 준다. 이 애통은 우리의 충성을 주님께로 다시 향하라고 촉구한다.

하나님의 복을 받았다고 가정하다

마지막 우상은 자신이 하나님의 복을 받았다고 가정하는 것이다. 역사상 이스라엘만큼 하나님께 복을 받았다고 주장할 이유가 많은 국가도 없었다. 그들은 하나님의 선민이었다. 구약은 이 점을 분명히 확인시켜 준다. 그렇다면 하나님의 은혜를 받은 자는 하나님의 경고를 교만하게 무시해도 되는 것일까? 전혀 아니다. 라숭찬은 이렇게 말한다. "예루살렘의 멸망 이전에 이스라엘 백성들은 모든 것이 하나님의 은혜로 된 것임을 망각한 채 자신들이 위대한 도시를 누릴 자격이 있고 그 도시를 스스로 이룬 것이라고 생각했다."[7]

예레미야는 이스라엘이 하나님의 징계를 받은 것이라고 명시한다. 예레미야는 충격적인 언어를 사용한다. 이스라엘 백성들이 받는 징계가 소돔보다도 크다고 말한다(애 4:6). 11절에 따르면 "여호와께서 그의 분을 내시며 그의 맹렬한 진노를 쏟으심이여." 그들의 날이 다했고 끝이 가까웠다는 절망감이 도시를 감싸고 있었다(애 4:18). 하나님의 복이 검은 구름에 뒤덮였다.

지금 미국은 온통 낙관론에 사로잡혀 있다. 가만히 있어도 삶이 더 좋아지고 불경기가 끝나고 기회가 넘쳐나고 "내일 다시 해가 뜬다"는 믿음이 미국인들의 정신에 깊이 뿌리를 내리고 있다. 어떤 면에서는 이런 낙관론이 도움이 되지만, 문화적 낙관론을 하나의 우상으로 삼는 크리스천들이 적지 않은 것 같아 심히 우려스럽다. 그리고 주로 이 낙관론은 우리가 '하나님께 복 받은' 나라라는 믿음에서 흘러나온다. 아마도 이것이 우리가 나그네라는 사실을 자주 망각하는 이유 중 하나일 것이다. 불경기가 지속되고 사회 구조가 밝은 미래를 방해하는 나라에서 영적으로 겨우 생존하는 삶이 우리에게는 낯설기만 하다.

나를 비롯해서 너무도 많은 사람이 감정적으로 혹은 영적으로 이런 낙관론에 사로잡혀 있지 않나 싶다. 그래서 우리는 죄의 대가를 치르고 있는 사회 속에서 사는 법을 알지 못한다. 하지만 예로부터 크리스천들은 세상이 적대적으로 굴거나 무너지는 가운데서도 힘겹게 전진해 왔다.

예레미야애가 같은 성경을 읽으면 하나님의 복이 고통 없는 삶이나 세상의 환영을 보장해 주지 않는다는 사실을 다시 기억하게 된다. 애통의 노래를 통해 우리는 신자들이 우상이 가득한 사회 속에서 어떻게 신앙을 지켜왔는지를 보게 된다. 나아가, 그런 우상이 우리의 삶에 파고들지 않았는지 돌아보게 된다.

애통은 하나님의 복이 멀게 느껴질 때 부르는 노래다. 예레미야애가 4장은 표면 아래에 숨어 있는 미묘한 우상들을 보게 해 준다. 재정적인 안정, 사람들, 태평성대의 환상, 영적 리더들, 마음을 사로잡는 하나님의 복 등은 모두 하찮은 우상들이다. 이 외에도 우리 삶 속에 수많은 우상이 존재한다. 이런 우상을 부분적으로 혹은 통째로 버리는 것은 우리의 마음과 사랑을 어디로 향해야 할지 다시 깨달을 기회가 된다. 문화적 우상들의 몰락을 애통하는 가운데 우리는 무엇을 갈망해야 할지 다시 기억해야 한다.

그래도
희망이 없지 않다

이번 장이 무거운 장이었다는 것을 잘 안다. 예레미야애가의 어조와 내용을 최대한 그대로 가져오려고 노력했다. 하지만 우리에게 희망이 있음을 기억해야 한다. 22절에서 예레미야는 하나님이 그분 백성들의 나그네 생활을 필요 이상으로 연장하지 않으실 것이라고 선포한다. 검은 구름 이면에는 하나님의 숨겨진 목적이 있다.

고통으로 인해 우리의 우상들이 무너질 때 애통하며 자기성찰을 해야 한다. 삶의 표층이 벗겨지면 그릇된 믿음의 대상들이 겉으로 드러나고 분명히 보인다. 고통은 우리가 누구이며 무엇을 사랑하는지를 분명히 보여 준다.

상실의 순간을 지날 때마다 그 과정에서 찾아오는 인생 변화의 교훈들을 놓치지 말라. 정서적인 치유도 중요하지만 그것에만 얽매여서는 안 된다. 인생의 골짜기는 가장 중요한 배움의 장소다. 고통은 불편하지만 유익한 선생이다. 그릇된 믿음이 드러나는 것을 거부하지 말고 오히려 환영하라. 무엇을 배웠는지 하나님께 아뢰고 용서를 구하라. 변화되게 해 달라고 요청하라. 예레미야애가는 이런 교훈들을 위해 쓰였다.

감사하게도 지난 5년 동안 우리 교회와 기독교계 전체에서 좋은 변화가 나타났다. 이제 안타까운 현실에 관해 이야기하는 것이 더 이상 드문 일이 아니게 되었다. 분노나 두려움보다는 애통의 소리가 더 많이 들린다. 이것은 정말 좋은 일이다. 나아가, 신자들이 세상에 물든 마음을 다루어 가고 있다.

물론 아직 멀었다. 하지만 안타까운 현실과 씨름하는 과정에서 우리는 애통의 은혜를 다시 발견하고 있다. 이 옛 언어는 고통을 표현하는 목소리가 되어 줄 뿐 아니라 우리의 선생이 되어 준다. 애통은 우리의 우상들이 분명히 드러날 때 어떤 생각을 하고 어떤 기도를 드려야 할지를 보여 준다.

8

굳은 마음이
제거되다

(애 5장)

여호와여
우리를 주께로
돌이키소서(애 5:21).

예레미야애가는 해피엔딩으로 끝나지 않는다. 이 역사적인 애통은 특별한 결말 없이 질문들을 남긴 채로 마무리된다. 고통 중에 어디를 바라봐야 할지는 말해 주지만 나머지 이야기를 말해 주지는 않는다. 예루살렘 몰락 후에 벌어진 상황을 자세히 알고 싶다면 성경의 다른 부분을 살펴봐야 한다. 하지만 본문의 애통은 그것이 가리키는 방향으로 인해 소망으로 가득하다.

지금까지 우리는 망가진 세상과 거룩하신 하나님이라는 현실, 진리를 곱씹을 때 솟아나는 소망, 고난이 우리의 숨겨진 우상들을 밝혀 준다는 사실을 살펴보았다. 이 마지막 장은 애통을 영적 방향의 전환 언어로 보게 해 준다. 애통은 하나님께로 돌아가는 길, 나아가 복음 자체를 보여 준다. 애통은 우리가 하나님의 은혜로 가는 로드맵이 될 수 있다.

브라이언(Brian)이란 남자는 NCLC(Neighborhood Christian Legal Clinic) 소속 변호사다. 매일 그는 인디애나폴리스의 불의를 바로잡기 위해 자신의 법률 지식을 사용한다. 그는 가난으로 인해 학대의 표적이 되는 이들의 편에 서고 있다. 그는 지역 사회의 고통을 매일같이 마주한다. 그런데 몇 년 전 그와 아내 멜리사(Melissa)는 끔찍한 비극을 바로 곁에서 지켜보았다. 그 일을 통해 그들은 애통의 가치를 배웠다. 나아가, 그들은 애통으로 사람들을 이끄는 법을 배웠다.

브라이언 부부는 인디애나폴리스 서부의 조용한 동네에 살고 있었다. 그곳은 젊은 가족들, 아이들을 위한 놀이학교 운영자들, 사람 좋은 이웃들이 사는 중산층 마을이었다. 아이들의 웃음소리와 뒤뜰에서 익는 바비큐 냄새가 끊이지 않는 곳이었다. 하지만 2015년 11월 10일, 이 평화로운 마을은 가택 침입과 잔혹한 살해로 인해 발칵 뒤집혔다.

어느 날 아침, 3명의 무장 괴한들이 한 주민의 집을 표적으로 삼았다. 그 집은 교회 개척의 꿈을 품고 인디애나폴리스로 온 젊은 부부의 집이었다. 남편이 운동을 하러 나간 사이에 괴한들이 집에 들이닥쳤다. 임신한 스물여덟 살의 엄마 아만다(Amanda)와 걸음마를 배우는 첫째 아이가 아기 침대에서 잠든 채로 살해를 당했다. 이 무자비한 학살은 온 마을을 충격에 빠뜨렸고 전국에 대서특필되었다.

경찰은 주민들을 조사하고 CCTV를 확인하면서 범인을 찾았다. 한편, 브라이언 부부는 우리 교회에 다니는 다른 부부와 함께 피해자들의 슬픔에 대한 동참을 촉구했다. 그들은 애통을 위해 자신의 집 문을 활짝 열었다. 첫날 밤,

50명 이상의 주민이 브라이언 부부의 집 거실에 모여 성경을 읽고 기도하고 함께 눈물을 흘렸다. 대부분이 신자들이었지만 그렇지 않은 이들도 있었다. 그곳에 모인 모두가 고통 속에 있었다. 이 비극은 마을 사람들을 하나로 모았고, 브라이언이 그들의 길잡이가 되었다.

3주간 주말을 제외한 매일 밤, 브라이언 부부의 집은 애통의 장소가 되었다. 그들은 범인들이 잡히고 동네가 안정되기를 기다리는 동안 시편 13편을 본문으로 사용했다. 그들은 함께 "하나님, 어느 때까지입니까?"라고 울부짖으며 자신들의 마음을 믿음과 예배로 향했다. 매번 모인 사람의 숫자는 달랐지만 브라이언의 집은 슬픔의 성소가 되었다. 그들은 이웃의 고통과 가슴 아픈 의문에 동참함으로써 마을 전체를 고통에서 소망으로 가는 길로 이끌었다. 애통은 중요한 영적 대화들을 위한 창구를 열어 준다.

예레미야애가 5장,
하나님의 은혜로 가는 로드맵

예레미야애가의 마지막 장은 예루살렘 몰락의 상황이

해결되지 않은 채로 끝이 난다. 하지만 본문은 독자들에게 옳은 방향을 분명히 알려 준다. 고통은 변함이 없다. 성전은 여전히 폐허로 남아 있다. 고통은 계속해서 찾아오지만 여전히 답은 없다. 하지만 예레미야애가는 소망을 품은 기도로 마무리된다.

> 여호와여 우리를 주께로 돌이키소서 그리하시면 우리가 주께로 돌아가겠사오니 우리의 날들을 다시 새롭게 하사 옛적 같게 하옵소서 주께서 우리를 아주 버리셨사오며 우리에게 진노하심이 참으로 크시니이다(애 5:21-22).

예레미야애가의 마지막 장은 매우 독특하다. 그 장은 계속해서 예루살렘의 파멸과 관련된 주제들을 다루면서도 다른 장들의 시적 패턴을 따르지 않는다. 각 절이 훨씬 짧아진다. 거의 스타카토처럼 끊어지는 것이, 슬픔의 속사포를 쏘아대는 것 같다. 이 장에서도 애통의 모든 요소를 발견할 수 있지만(향하기, 불평하기, 요청하기, 믿기) 이 장은 하나님께 직접적으로 하는 요청에 특히 초점을 맞추고 있다. 5장은 하나님에게서 희망을 찾는다.

혹시 애통이 당신의 삶 속에 있는 모든 고통의 실타래

를 풀어 줄 것이라 여기며 이 책을 폈는가? 하지만 기도 응답과 고통스러운 질문들의 해답은 빨리 찾아오는 법이 없다. 때로는 우리가 원하거나 요청하지 않은 답이 오기도 한다. 타이밍이 우리가 원한 것보다 훨씬 느릴 수도 있다. 애통은 이런 공백을 위한 기도의 언어다. 애통은 우리의 삶속에 고통과 불확실성이 가득할 때 어디를 바라보고 누구를 믿어야 할지를 말해 준다. 우리의 삶과 주변이 온통 망가져 있을 때 애통은 하나님을 바라보게 도와준다. 애통은 고개를 들어 눈물 가득한 눈을 우리의 유일한 희망 곧 하나님의 은혜로 향하게 만든다. 이 사실에서 용기를 얻기를 바란다.

우리가 애통을 배우는 여행을 어디서부터 시작했는지 기억하는가? 1장에서 나는 기도로 계속해서 마음을 하나님께로 향하라고 권했다. 기도하지 않고 침묵하는 것의 위험성을 경고했다. 애통의 첫 번째 단계는 끊임없이 기도함으로 이 침묵을 깨는 것이다. 그리고 예레미야의 애통도 같은 초대로 끝맺음을 한다. 즉 우리는 계속해서 기도해야만 한다. 우리는 계속해서 애통해야 한다. 그리고 남들도 그렇게 하도록 도와야 한다.

예레미야애가는 우리가 가는 여행의 방향 표지 역할을

하는 세 기도로 마무리된다. 이 기도들은 미래가 불투명할 때 어떤 기도를 드려야 할지 보여 주는 지침 역할을 한다. 이 기도들을 하나님의 은혜로 가는 로드맵으로 삼기를 바란다.

"여호와여 … 기억하시고"

5장은 하나님께 기억해 달라고 간청하면서 시작된다.

> 여호와여 우리가 당한 것을 기억하시고 우리가 받은 치욕을 살펴보옵소서(애 5:1).

이 요청은 단순히 잊지 말아 달라는 부탁, 그 이상이다. 그것은 언약을 기억하여 은혜를 베풀어 달라는 요청이다. "기억하시고"는 하나님의 사랑과 약속에 따라 개입해 달라는 요청이다. 역사해 달라는 요청이다. 성경은 자주 하나님의 구속을 이 은혜로운 기억하심과 연결시킨다. 몇 가지 예를 살펴보자.

- 홍수의 심판 이후 창세기 8장 1절은 "하나님이 노아 … 을 기억하사"라고 말한다.

- 창세기 9장에서 하나님은 다시는 홍수로 인류를 멸망시키지 않겠다고 약속하시며 이렇게 말씀하신다. "내가 나와 너희 … 사이의 내 언약을 기억하리니 … 무지개가 구름 사이에 있으리니 내가 보고 … 영원한 언약을 기억하리라"(창 9:15-16).
- 이스라엘 백성들이 금송아지를 만드는 죄를 범하자 모세는 하나님께 아브라함, 이삭, 야곱과 맺은 언약을 기억하여 긍휼을 베풀어 달라고 간청했다(신 9:27).
- 시편 25편에서 다윗은 하나님의 '기억하심'에 근거하여 자비를 호소한다. "여호와여 주의 긍휼하심과 인자하심이 영원부터 있었사오니 주여 이것들을 기억하옵소서 여호와여 내 젊은 시절의 죄와 허물을 기억하지 마시고 주의 인자하심을 따라 주께서 나를 기억하시되 주의 선하심으로 하옵소서"(시 25:6-7).

이 외에도 계속해서 예를 들 수 있지만 이쯤하면 무슨 말인지 알 것이라고 믿는다. 예레미야가 하나님께 기억해 달라고 요청한 것은 그분의 성품에 따른 은혜이다. 그는 이 고난이 무의미하지 않다는 확신을 원하고 있다. 그는 하나님께 도움을 요청하고 있다.

이 간구의 중심에는 수치심이 있다. 이것이 예레미야가 "우리가 받은 치욕을 살펴보옵소서"라고 말하는 이유다(애 5:1). 눈물을 감추려고 해 본 적이 있는가? 눈물이 부끄럽다고 생각하는가? 그러나 고난은 굴욕적이다. 이스라엘의 경우, 성전이 파괴되고 리더들은 굴욕을 당했으며 도시가 무너지고 나라 전체가 황폐화되었다. 하지만 애통은 슬픔의 수치로부터 도망치지 않고 그것을 온전히 받아들인다. 애통은 안개 속에서 하나님을 기억할 때 오는 은혜를 찾는다.

은혜로 가는 로드맵은 고통을 곱씹으면서도 하나님께 기억해 달라고 요청하는 것을 포함한다. 이는 우리가 애통의 시편들에서 배운 것과 비슷하다. 바로, 폐부에서 터져 나오는 불평의 울부짖음이 이와 같다. 5장 2-18절은 음울한 풍경을 그리고 있다. 외국의 침략자들이 국가를 파괴했다(2절). 사람들은 버림받은 기분을 느꼈다(3절). 생존이 지독히 힘들어졌다(4절). 모두가 지쳤다(5절). 그들은 다른 나라들에 손을 벌리고(6절), 국가적 죄의 대가를 치러야 했다(7절). 세상이 뒤집어졌고(8절) 곳곳에 절망과 굶주림이 가득했다(9-10절). 여성들은 폭력을 당하고(11절) 귀족들은 치욕을 당했다(12절). 온 나라에 억압이 가득했다(13절). 축하하는 소리는 더 이상 들리지 않았다(14-15절). 이스라엘의 영광은 사라졌다(16절). 절망만이 가득했다(17절). 이제 들짐 승들이 거리를 배회한다(18절). 5장의 22개 절 중 17개 절이 이런 암울한 어조를 지닌다.

하지만 이렇게 고통을 토로하는 데는 목적이 있다. 이 장황한 고통의 나열은 하나님께 기억해 달라고 요청하기 위한 사전 작업이다. 하지만 내 경험으로 볼 때 많은 크리스천들이 하나님의 은혜를 간구하기 전에 고통을 장황하게 나열하는 것을 민망하게 생각한다. 우리는 고통에 대해 쉬쉬하는 경향이 있다. 하지만 회복은 현실 부인의 삶을 사는 자에게는 찾아오지 않는다. 더 많은 크리스천들이 삶의 지독히 어두운 순간들에 대해 하나님께 솔직히 아뢰고 남들도 그렇게 하도록 인도하면 놀라운 일이 벌어질 것이라고 확신한다.

이것이 '샬롯은 폭발하고 털사는 기도한 이유'(Why Charlotte Exploded and Tulsa Prayed) 기사가 내 눈길을 사로잡은 이유다. 이 기사는 흑인인 테렌스 크러처(Terence Crutcher)와 케이스 라몬트 스콧(Keith Lamont Scott)이 오클라호마 주 털사와 노스캐롤라이나 주 샬롯에서 경찰의 총에 의해 숨진 뒤에 쓰였다. 이 외에도 경찰관의 총격에 의한 일련의 흑인 사망 사건이 벌어지자 전국적인 시위가 일어났다.

이 기사는 두 가지 다른 반응을 생생하게 비교하고 있다. 이 기사에는 서로 다른 그림이 포함되어 있었다. 하나는 경찰과 시위대의 폭력적인 충돌이 벌어지는 샬럿의 모습이다. 다른 하나는 털사의 한 교회에서 기도하는 사람들의 모습이었다. 기자에 따르면 이 차이를 만들어 낸 인물은 털사 메트로폴리탄침례교회(Metropolitan Baptist Church)의 레이 오웬스(Ray Owens) 목사다. 인종 갈등이 첨예해진 가운데 그는 철야기도를 위해 교회의 문을 열었다. 하지만 그 기도회는 단순히 테렌스 크러처를 위한 기도회도 아니요 연합을 위한 기도회도 아니었다. 그것은 애통의 기도회, 하나님께 자신들의 고통을 기억해 달라고 간청하는 기도회였다.

털사에 긴장이 감돌고 시위 소식이 퍼지자 사람들은 오웬스 목사에게 찾아가 하나님께 울부짖고 각자의 감정을 나눌 장소를 부탁했다. 그리하여 오웬스 목사는 애통의 기도회를 주최했다. 그는 여러 가지 기도 형식과 함께 사람들에게 종이를 나눠 주고서 각자 고통스러운 감정과 좌절감을 표현해서 게시판에 붙이게 했다. 그 목표는 그 교회를 "의분의 건설적인 표현을 위한 안전한" 장소로 만드는 것이었다.[1] 한 메모지에는 "우리는 정의와 평화를 원한다!"라고 쓰여 있었다.[2] 오웬스 목사는 위로자만이 아니라 애통의 인도자로서 털사 도시를 섬겼다.

이 책을 통해 내가 바라는 것 중 하나는 더 많은 신자들과 교회들이 애통을 통해 다른 사람들의 고통과 지역 사회의 슬픔 속으로 들어가게 되는 것이다. 개인적인 차원에서만이 아니라 더 큰 집단과 공동체 차원에서도 그렇게 되기를 갈망한다. 10장에서 이런 적용 차원을 자세히 탐구하도록 하자.

여기서 내 요지는 간단하다. 하나님의 '기억하심'에 관한 이야기를 아는 사람은 자신의 고통이나 분노를 그분께 솔직히 아뢰게 된다. 고통과 상실을 통과하는 길이 존재하며, 그 길은 하나님께 우리의 고통을 기억해 달라고 요청하는 데서 시작된다. 하지만 예레미야애가 5장의 내용은 그것만이 아니다.

"여호와여 주는 영원히 계시오며 주의 보좌는 대대에 이르나이다"

우리는 시편에서 전환점의 중요성에 관해서 배웠다. 예레미야는 예레미야애가 5장 1-18절까지 이스라엘의 참상을 절절이 나열한 뒤에 이렇게 말한다. "여호와여 주는 영원히 계시오며 주의 보좌는 대대에 이르나이다"(애 5:19).

예레미야애가의 마지막 장에서 우리는 영적 방향 전환의 또 다른 예를 발견할 수 있다. 예레미야는 자신이 믿는 사실을 향해 다시 마음을 향하고 있다. 그것은 하나님이 모든 것, 심지어 우리의 고통까지도 온전히 다스리신다는 것이다.

예레미야는 하나님의 통치를 선포한다. 그는 세상만사가 창조주의 명령과 목적에 따라 이루어진다고 고백한다. 그의 선포처럼 하나님이 온 세상을 다스리신다. 우리 삶 속의 모든 사건은 하나님이 미리 정하신 계획의 성취를 위해 일어난다. 하나님은 영원하고 유일한 통치자시다.

하나님의 통치는 예레미야의 삶과 선지자 사역에 있어서도 중심 주제였다. 예를 들어, 하나님은 예레미야가 태어나기도 전에 그를 선지자로 부르셨다(렘 1:5). 또한 예레미야는 이스라엘 국가를 토기장이의 손에 놓인 토기에 비유한다. "이스라엘 족속아, 진흙이 토기장이의 손에 있음 같이 너희가 내 손에 있느니라"(렘 18:6). 또 다른 구절에서 예레미야는 무슨 일이든 하실 수 있는, 심지어 예루살렘을 바벨론의 손에 넘겨 주실 수도 있는 하나님의 능력을 선포한다. "나는 여호와요 모든 육체의 하나님이라 내게 할 수 없는 일이 있겠느냐 그러므로 여호와께서 이와 같이 말씀하시니라 보라 내가 이 성을 갈대아인의 손과 바벨론의 느부갓네살 왕의 손에 넘길 것인즉 그가 차지할 것이라"(렘 32:27-28).

5장 2-18절에서 예레미야가 고난의 길고 긴 목록을 막 마쳤다는 사실을 기억하라. 하지만 이제 분위기가 바뀐다. "주의 보좌는 대대에 이르나이다." 하나님이 영원히 다스리신다!

이 사실이 무슨 위로가 되고 어떤 도움이 될까? 사실, 우리의 삶은 통제 불능처럼 느껴질 때가 너무도 많다. 하나님이 멀리 계신다고 느껴질 때가 너무도 많다. 매일 악이 승리하는 것만 같다. 필시 당신도 이런 감정을 수없이 느껴 봤을 것이다. 나도 마찬가지다. 혹은 잔인한 현실 속에서 사는 사람이 주변에 있는가? 하지만 예레미야는 고통의 존재가 하나님의 주권적인 다스리심을 부정하지 않는다는 사실을 보여 준다. 고통과 상실 속에서도 하나님은 여전히 온전히 우리를 다스리신다. 검은 구름이 드리웠을 때도 우리는 애통을 통해 하나님의 주권을 선포해야 한다.

나는 밤에 베개에 머리를 누이면서 "주님, 오늘밤도 당신이 다스리시는 줄 믿습니다"라고 고백한 적이 얼마나 많은지 모른다. 우리의 모든 날은 불확실성의 거대한 틈 천지다. 고통은 그 틈을 더욱 넓혀 걷잡을 수 없게 만든다. 하지만 예레미야애가를 통해 하나님을 믿을 수 있게 된다. 미래가 불투명할 때도 하나님이 온전히 다스리고 계신다.

내가 힘들 때 하나님의 주권에 대한 믿음을 공고히 하기 위해 자주 읽는 성경 구절은 사도행전 2장이다. 사도행전 2장은 오순절 사건 이후 베드로의 설교를 기록하고 있다. 그 설교에서 베드로는 이렇게 선포한다. "그가 하나님께서 정하신 뜻과 미리 아신 대로 내준 바 되었거늘 너희가 법 없는 자들의 손을 빌려 못 박아 죽였으나 하나님께서 그를 사망의 고통에서 풀어 살리셨으니 이는 그가 사망에 매여 있을 수 없었음이라"(행 2:23-24).

하나님은 예수님의 십자가 죽음을 미리 정하셨다(다스리셨다). 하나님의 아들이 악인들의 손에 잔인하게 죽음을 맞은 것은 분명 하나님 계획의 일부였다. 그리고 하나님이 역사상 가장 부당한 순간을 구속으로 바꾸실 수 있다면 우리는 "하나님이 다스리신다!"라고 자신 있게 선포할 수 있다. 우리 삶 속의 힘든 상황을 하나님이 어떻게 사용하실지 상상조차 안 간다 해도 상관없이 우리는 그분의 통치를 믿어야 한다.

실비아의 죽음이 아니었다면 나는 이 책을 쓰지 않았을 것이다. 빈 아기 침대와 생명이 없는 갓난아기가 아니었다면 나는 평생 애통의 가치를 모르고 살았을지도 모른다. 하지만 하나님은 이 상황을 온전히 다스리셨다. 그리고 지금도 여전히 다스리고 계신다. 나는 이것을 개인적으로 보고 경험했다. 필시 당신도 그런 경험이 있다고 믿는다. 따라서 고난의 무게가 짓눌러도 우리는 십자가 사건을 통한 하나님의 다스리심을 기억해야 한다. 성경이 우리에게 구속의 이야기를 전해 주는 것은 우리로 하여금 인생의 칠흑 같은 어둠을 뚫고 나갈 수 있도록 돕기 위함이다.

예레미야애가를 통해 용기를 얻기를 바란다. 삶의 고통을 구체적으로 토로하기를 두려워하지 말라. 하지만 그 고통의 지배를 받아서도 곤란하다. 고통의 어두운 터널을 통과하는 내내 하나님의 주권적인 다스리심을 기억하기 위해 노력하라. 하나님의 섭리를 노래한 윌리엄 쿠퍼의 찬송가를 기억하라.[3]

하나님의 계획이 어떻게 펼쳐질지 도무지 알 수 없을 때도 기도로 하나님의 다스리심을 선포하라. 고통이 아무리 극심해도 하나님의 계획은 변함이 없다. 여전히 하나님이 다스리고 계신다. 그래서 우리는 눈물을 흘리는 가운데서도 예레미야애가의 마지막 기도를 드릴 수 있다.

"여호와여 우리를 주께로 돌이키소서"

성경에서 가장 긴 애통은 회복을 위한 기도로 끝맺음

을 한다. 앞서 살폈듯이 애통의 시편들은 하나님께 구해 달라고 부르짖는 기도다. "하나님, 너무 힘듭니다! 제발 도와주세요!" 예레미야애가는 같은 초점과 어조로 마무리된다. 회복을 위한 기도는 은혜로 가는 길의 마지막 표지다. 실제로는 '돌이키다'란 표현이 두 번 사용되고, '새롭게 하다'란 표현도 사용되고 있다.

여호와여 우리를 주께로 돌이키소서 그리하시면 우리가 주께로 돌아가겠사오니 우리의 날들을 다시 새롭게 하사(애 5:21).

여기서 '회복하다'는 '돌이키다' 혹은 '돌아가다'라고 번역되어 있다.[4] 회개와 영적 회복을 떠올리면 좋겠다. 예레미야의 사역은 이런 종류의 메시지로 잘 알려져 있다. 즉 '회복하고 돌아오라'가 그의 사역의 중심 메시지였다.

회복을 위한 기도는 새로워짐에 대한 갈망과 밀접하게 연결되어 있다. "우리의 날들을 다시 새롭게 하사"라는 요청은 이스라엘 역사 속에서 나타났던 하나님의 은혜와 복을 간청하는 것이다. 하지만 이 갈망은 단순히 무너진 예루살렘의 재건만을 말하지 않는다. 이는 마음의 새로워짐을 갈망하는 표현이기도 하다. 시편 51편 10절에 기록된 다윗의 기도가 이 갈망을 잘 나타내 준다. "하나님이여 내 속에 정한 마음을 창조하시고 내 안에 정직한 영을 새롭게 하소서"(시 51:10). 예레미야는 동포들에게 하나님께로 속히 돌아오라고 애원했으며, 예루살렘 몰락은 그분의 백성들을 깨우쳐 자신에게 돌아오게 하시려는 하나님 계획의 일부였다(렘 18:11). 이것이 예레미야애가의 마지막 장에 하나님의 심판에 관한 어두운 어조가 포함된 이유다.

주께서 우리를 아주 버리셨사오며 우리에게 진노하심이 참으로 크시니이다(애 5:22).

예레미야애가의 고통은 하나님의 징계에 뿌리를 두고 있다. 이스라엘이 하나님의 길에서 벗어났고, 하나님이 그들을 새롭게 하시기 위해 고통을 사용하셨다.

이 새로워짐은 이스라엘 백성들에게 필요한 것일 뿐 아니라 하나님의 약속이기도 하다. 따라서 이 마지막 기도는 애통을 통한 영적 정렬의 또 다른 예다. 이 기도는 우리에게 궁극적으로 필요한 것과 하나님이 약속하신 것을 보여준다. 이 기도는 하나님의 은혜로 가는 길을 가리킨다.

하나님은 언젠가 그분의 백성들에게 새로운 마음을 주

겠다고 약속하셨다. 신학자들은 신약에서 이 약속이 이루어졌다고 믿는다. 이 약속은 모든 인간의 망가진 마음을 다루는 약속이다.

그러나 그날 후에 내가 이스라엘 집과 맺을 언약은 이러하니 곧 내가 나의 법을 그들의 속에 두며 그들의 마음에 기록하여 나는 그들의 하나님이 되고 그들은 내 백성이 될 것이라 여호와의 말씀이니라 … 내가 그들의 악행을 사하고 다시는 그 죄를 기억하지 아니하리라(렘 31:33-34).

예레미야와 동시대를 살았던 에스겔 선지자도 같은 소망을 이야기했다. "또 새 영을 너희 속에 두고 새 마음을 너희에게 주되 너희 육신에서 굳은 마음을 제거하고 부드러운 마음을 줄 것이며 또 내 영을 너희 속에 두어 너희로 내 율례를 행하게 하리니 너희가 내 규례를 지켜 행할지라"(겔 36:26-27). 결론적으로, 예레미야애가는 오직 하나님만 해 주실 수 있는 회복과 쇄신을 구하는 기도로 대미를 장식한다.

애통은 단순히 고통이 사라지는 것보다 더 큰 것을 구하도록 우리의 마음을 조정한다. 애통은 "주님, 기억해 주십시오", "주님이 다스리십니다", "저희를 회복시켜 주십시오"라고 기도하게 만든다. 그리고 구해 달라는 기도를 드릴 때 우리의 가장 큰 필요, 즉 하나님 앞에 바로 설 필요가 충족될 수 있다.

그리스도께로 가는
로드맵

애통은 복음을 아는 사람들의 언어다. 그들은 죄가 어떻게 세상에 들어와 죽음과 고통을 가져왔는지 알고 있다. 예레미야애가에 관한 탐구를 마치기 전에 애통이 복음의 메시지로 이어져야 한다는 점을 기억할 필요성이 있다. 상실의 슬픔은 우리를 슬픔의 사람(man of sorrows)에게로 이끌 수 있다. 왜냐하면 예수님은 모든 고통의 원인에 대한 해답이시기 때문이다.

모든 슬픔, 모든 눈물, 모든 상실은 세상이 죄로 망가졌다는 증거다. 바깥세상과 우리 안은 뭔가 단단히 잘못되어 있다. 크리스천들은 죄가 애통 이면의 고통을 낳는다는 것을 안다.

하지만 그 어두운 구름 아래서 하나님은 긍휼을 베푸신다. 하나님의 아들이 임무를 띠고 세상에 오셨다. 그 임무는 세상을 회복시키기 위해 사람이 되어 완벽한 순종의 삶을 살다가 십자가에서 죽는 것이었다. 예수님은 하늘과 땅 사이에 달리셨을 때 그분을 믿는 이들을 위해 하나님의 진노를 온전히 홀로 받으셨다. 그날은 인류 역사상 가장 어두운 날이었지만, 동시에 모든 것을 바꿔 놓은 날이었다.

사흘 뒤 빈 무덤이 예수님의 승리를 증언했다. 그리스도의 부활은 장차 사탄, 나아가 죽음 자체도 패할 것이라는 신호였다. 그리고 이 승리로 현재의 고통과 고난을 바라보는 크리스천들의 시각은 완전히 바뀌었다. "생각하건대 현재의 고난은 장차 우리에게 나타날 영광과 비교할 수 없도다"(롬 8:18). 그래서 우리는 그리스도의 승리가 완성될 미래의 날을 기다리며 온 피조물과 함께 신음한다. 우리는 애통한다. 우리는 하나님의 은혜로 가는 로드맵으로 이 슬픔의 언어를 사용한다.

이웃 주민들의 애통을 이끌었던 브라이언이 기억나는가? 그의 이야기는 아직 끝이 아니다. 살인 사건이 일어나고 3명의 범인이 체포된 지 두 달 뒤, 브라이언 부부는 자신들의 집 문을 다시 열었다. 애통에 관한 대화는 고통에 관한 책을 4주간 공부하는 모임으로 발전했다. 신자, 비신자가릴 것 없이 많은 사람이 참석해서 고통 속의 하나님의 목적과 씨름했다.

브라이언은 성경 속에 의심, 두려움, 분노, 극심한 슬픔을 포함한 모든 인간 감정이 나타난다는 점을 사람들에게 설명했다. 그는 세상의 망가짐이 모든 인간의 고통의 원인이라는 점을 지적한 뒤 예수님이 만물을 새롭게 하실 때 이루어질 회복에 관한 성경의 비전을 강조했다. 브라이언을 비롯한 신자들은 이웃의 슬픔에 동참했을 뿐 아니라 그들에게 예수님 안에서 발견되는 궁극적인 소망을 제시했다.

이제 애통이 어떻게 우리의 선생이 될 수 있는지를 이해했으리라 믿는다. 예레미야애가는 세상의 망가짐을 직시하고 소망 가득한 진리들을 곱씹으며 우상들을 도려내도록 도와준다. 나아가, 애통은 하나님의 은혜로 가는 통로가 될 수 있다. 애통은 우리에게 배워야 할 교훈들을 기억하게 해 주는 기념물이다.

크리스천들은 나머지 이야기를 알기 때문에 비극의 한복판으로 들어가 애통으로 사람들을 이끌 수 있다. 우리는 회복을 절실히 원하지만 어디서 그것을 찾아야 할지 모르는 사람들에게 우리의 마음과 집을 열 수 있다. 애통을 통해 그리스도께 나아간다면 검은 구름 아래서도 깊은 긍휼을 경험할 수 있다.

Part 3

DARK
CLOUDS
**DEEP
MERCY**

깊은 애통,
      하지만
더 깊은 긍휼

애통이
은혜로
바뀌다

애통하는 모습을 보면
어떤 사람인지 알 수 있다.

(작자 미상)

모든 애통자에게는 사연이 있다. 필시 당신 혹은 사랑하는 사람의 고통이 당신을 이 책으로 인도했을 것이다. 혹시 인생의 깨진 조각들을 맞추면서 희망을 찾고 있었는가? 깊은 슬픔과 씨름할 때 마음에서 터져 나오는 기도들에 관해서 알고 싶었는가? 깊은 절망에 빠진 친구를 돕고 싶었는가? 고통 중에 있는 사람들을 돕고 싶은 사역 리더인가?

어떤 이유로 이 여행을 시작했든 이제 애통이 익숙해졌을 뿐 아니라 애통이 주는 가치를 경험했기를 바란다. 검은 구름 아래에서 긍휼을 발견할 수 있다는 사실을 보게 되었을 줄 믿는다. 우리는 고통을 토로하면서 은혜를 주시는 하나님께 도움을 요청할 수 있다. 고통 중에 우리는 기도할 수 있다. 우리의 고난과 하나님의 주권 사이의 긴장을 말로 표현할 수 있다. 애통은 하나님의 성품에 대한 굳은 믿음, 죄로 인한 세상의 망가짐에 대한 분명한 이해, 하나님의 구속 계획이 완성되기를 간절히 바라는 마음에서 비롯한다. 이것이 애통이 본질적으로 기독교적인 이유다. 애통은 믿음으로 이어지는 고통 중의 기도다.

개인적인 경험과 목회 경험 속에서 나는 애통이 하나님 은혜의 도관이 될 수 있다는 사실을 발견했다. 원래 나는 애통을 배울 생각이 눈곱만큼도 없었다. 그런데 하나님은 실비아의 죽음을 통해 내 귀를 이 기도의 언어 쪽으로 열기 시작하셨다. 그 뒤로 애통이 큰 도움이 되는 것을 느끼고 나도 모르는 사이에 점점 애통을 사랑하게 되었다. 일부러 애통에 관해서 공부하는 사람은 별로 없을 것이다. 애통은 보통 학술적 주제로 탐구되지 않는다. 애통하는 법을 배우거나 애통에서 배우려는 사람은 거의 없다. 개인적인 경험 속에서 애통의 가치를 뜻밖에 발견하는 경우가 대부분이다.

앞서 말했듯이 이 책에서 내 목표는 단순히 애통에 관한 지식을 전달하는 것이 아니다. 처음 이 책을 집었을 때는 생각하지도 못했던 여러 방식으로 애통해 보기를 강권한다. 애통과 관련해서 성장하려면 개인적인 영적 성장을 이루고 하나님을 바라보는 시각이 성장해야 한다. 에스더 플리스(Ether Fleece)는 *No More Faking Fine*(거짓은 그만)에서 이렇게 말한다. "영적 성숙은 애통 없는 삶을 의미하지 않는다. 오히려 그것은 좋은 애통자가 되어 하나님을 더 의존하게 되는 것을 의미한다."[1]

3부에서는 개인적으로 그리고 공동체 안에서 애통을 어떻게 실천할 수 있는지를 살펴볼 것이다. 애통하는 법을 배우고, 애통을 통해 배우는 것에서 이제 애통과 함께 사는 법을 배우는 것으로 나아가자. 뜻밖의 슬픔이 당신을 이 여행으로 이끌었다. 하지만 아직 지나쳐야 할 기착지가 많이 남아 있다. 이 성경적인 슬픔의 노래가 당신의 삶이나 목회의 많은 영역에 스며들기를 바란다. 애통을 적용함으로 하나님의 긍휼을 경험할 방법을 계속해서 찾아가기를 바란다. 눈물이 있는 곳마다 성경적인 애통이 있어야 한다.

하나님 은혜와 능력을
만나다

지금까지 우리는 애통의 많은 영역을 다루었다. 이제 실질적인 적용에 관해서 다룰 텐데, 그 전에 슬픔 속에서 애통이 우리의 기도가 되어야 하는 이유를 다시 되짚고 넘어 가자. 첫째, 애통은 상실의 언어다. 애통은 신음하는 신자들을 위한 역사적인 기도 언어다. 애통은 하나님께 우리의 고통을 아뢰거나 고통 중에 신음하는 사람들을 돕기 위한 성경적인 언어와 모델을 제공해 준다.

둘째, 애통은 침묵에 대한 해법이다. 힘든 일을 하나님께 아뢰는 것을 두려워하거나 거부하는 신자들이 너무도 많다. 수치심, 거부에 대한 두려움, 걱정, 불손한 것이 아닐까 하는 우려, 그 외에 여러 가지 이유로 우리는 고통 중에 기도의 입을 닫기 쉽다. 애통은 어떤 말이든 하나님을 향해 입을 열게 만든다.

셋째, 애통은 불평을 토로할 수 있게 해 준다. 애통은 하나님께 불평하는 것이 꼭 죄가 아님을 알게 해 준다. 고통 중에 있는 사람에게는 슬픔을 표현하는 것이 성경적이며 하나님이 허락하신 일이라는 사실을 아는 것이 고통을 극복하기 위한 분수령이 될 수 있다. 고통을 말로 표현하거나 친구가 그렇게 하도록 돕는 것은 애통의 매우 값진 측면 중 하나다.

넷째, 애통은 감정을 올바로 표현하기 위한 틀이 되어 준다. 이 성경적인 슬픔의 노래는 속에 있는 모든 감정을 악하게 토해내는 것이 아니다. 애통은 하나님 중심의 틀 안에서 고통을 표현하는 것이다. 깊은 슬픔 가운데서는 감정을 자기중심적으로 표출하기 쉽기 때문에 성경적인 애통이 매우 중요하다. 애통은 감정을 표현하되 어디까지나 옳은 방향으로 표현해야 한다.

다섯째, 애통은 고통을 다루기 위한 긴 과정이다. 애통은 슬픔의 단계(부인, 분노, 타협, 우울, 수용)에 대한 성경적인 버전이 아니다. 애통은 하나님께로 마음을 향하고 불평을 솔직히 토로하고 도움을 요청하고 믿기로 선택하는 긴 여행이다. 이 지속적인 애통의 과정, 주로 매일 이어지는 이 과정은 반드시 믿음을 필요로 한다. 애통은 단순히 우리에게서 나오는 뭔가가 아니다. 그것은 우리 안에서 이루어지는 과정의 일부다.

여섯째, 애통은 예배의 한 방법이다. 즐겁고 행복한 분위기의 예배만 진정한 예배라고 생각하는 사람이 너무도 많다. 하지만 슬픔 가운데 하나님을 찾는 기도는 하나님 중심의 예배이다.

크리스천의 삶에는 개인적인 애통이 있어야 한다. 애통 중에 우리를 형성하고 변화시키시는 하나님의 은혜와 능력에 자신을 열게 되기 때문이다. 삶은 슬픔으로 가득하기 때문에 애통을 영적 여행의 일부로 삼을 기회가 너무도 많다. 문제는 어떻게 하느냐다.

이번 장에서는 개인적으로 애통하거나 남들의 애통을 돕기 위한 여러 단계들을 제안하고자 한다. 당신이 이미 발견한 애통의 방법 외에도 새로운 방법들을 알게 될 것이다. 하나님의 은혜로 이어지는 애통에는 여러 방식이 있다.

성경에서
애통을 발견하다

이 책의 내용이 애통에 관한 전부는 아니다. 이 책은 이 중요한 주제에 관해 탐구해야 할 겨우 작은 일부만을 다룰 뿐이다. 그래서 나와 함께하는 여행을 통해 당신이 늘 애통을 찾는 눈으로 성경을 읽게 되기를 원한다. 그래야 성경에서 애통을 유익하게 적용할 방법을 계속해서 배워나갈 수 있기 때문이다. 따라서 이 책만으로 애통에 관한 탐구를 마치지 않기를 바란다. 우리는 겨우 예레미야애가와 애통의 시편 4편만을 살펴보았을 뿐이다. 40개 이상의 애통의 시편이 더 있으며, 각 시편은 매우 독특하다. 각 시편은 찬송가로 만들어졌으며 각 시편은 우리의 삶에서 중요한 역할을 할 수 있다. 그러니 계속해서 읽고 공부하라.[2]

이 책을 쓰는 동안 나는 애통의 시편들을 읽고 깊이 묵상했다. 먼저 시편 86편을 외우면서 시작했다. 그리고 하루에 애통의 시편들을 찾아 읽으며 네 가지 요소(향하기, 불평, 요청, 믿음)가 발견되는 곳마다 표시를 했다. 이렇게 주제별로 정리한 자료는 마치 3D안경 같은 역할을 해서, 성경을 읽을 때 인생의 교훈과 실질적인 적용이 지면에서 튀어

나오게 했다. 성경, 특히 시편을 이런 식으로 읽기 시작하면 외로움, 좌절, 두려움, 학대, 불의에 관한 내용이 눈에 들어온다. 동시에 격려, 소망, 확신을 얻게 된다. 그 다양성과 깊이는 놀라울 정도다. 하지만 여기서 한걸음 더 나아가라.

시편 외에도 성경에는 애통이 가득하다. 욥기, 예레미야, 에스겔, 다니엘 같은 책에서도 애통을 발견할 수 있다. 재건된 예루살렘에서 에스라가 한 고백에서도 애통을 볼 수 있다(스 9:6-15). 큰 물고기 배 속에서 요나의 울부짖음(욘 2), 죽음의 문턱까지 다녀온 뒤 히스기야가 그 일을 돌아보며 한 말(사 38:10-20), 하나님의 목적에 대한 하박국의 의심(합 1)에서도 애통을 볼 수 있다.

사도 바울은 하나님의 은혜를 믿으면서도 육체의 가시로 인해 애통했다(고후 12:7-10). 예수님은 십자가 위에서 시편 22편을 인용해 애통하셨다(마 27:45-50). 요한계시록 6장 10절에 기록된 다음과 같은 순교자의 애통에 대한 답으로 하나님의 구속 계획이 완성될 것이다. "거룩하고 참 되신 대주재여, 땅에 거하는 자들을 심판하여 우리 피를 갚아 주지 아니하시기를 어느 때까지 하시려 하나이까?"[3]

애통의 렌즈를 통해 성경을 읽으면 이 역사적 슬픔의 노래를 부른 사람들과 그에 관한 상황들이 눈에 들어오기 시작한다. 이렇게 애통에 눈을 뜨면 성경을 더 사려 깊게 읽을 뿐 아니라 다양한 애통의 기도를 배워 자신의 것으로 삼아 아파하는 친구를 도울 수 있다. 수세기 동안 이 기도 의 언어가 하나님의 백성들에게 어떤 도움이 되었으며, 그것이 당신이나 가까운 사람들의 삶 속에서 어떻게 기도의 언어가 될 수 있는지를 배울 수 있다. 성경을 읽을 때 애통 을 찾아보라.

인생의 모든 순간에
애통하라

애통은 슬픔의 눈물을 흘리는 이들을 위한 기도의 언어 다. 우리의 마음이 무거워질 때에는 공감이 절실히 필요하 다. 니콜라스 월터스토프는 이 점을 정확히 지적했다. "내 가 당신에게 듣고 싶은 것은 이 고통이 얼마나 아픈지 이해 한다는 말이다. 내가 당신에게 듣고 싶은 것은 당신이 나의 절박감에 공감한다는 말이다. 나를 위로해 주려면 가까이 와야 한다. 흐느끼는 내 옆에 와서 앉아야 한다."[4]

남들의 고통을 위한 애통은 이해하고 연민하는 마음을

표현하는 것이다. 이것이 애통의 시편들이 도움이 되는 이유다. 이것이 슬픔에 찬 친구의 기도가 우리에게 그토록 의미가 있는 이유다. 또한 우리의 고통을 솔직하게 토로하는 기도가 그토록 후련한 이유다. 애통은 '아무렇지도 않은' 척하지 않고 고통을 솔직히 털어 놓는 것이며 슬퍼하는 사람에게 무관심하게 굴지 않고 다가가서 곁을 지켜 주는 것이다.

가슴이 찢어지는 슬픔이나 삶을 송두리째 망가뜨리는 비극에 대해서만 애통이 필요하다고 생각하기 쉽다. 물론 많은 사람이 위기 속에서 애통하기는 하지만 애통은 덜 심각한 상황에도 적용될 수 있다. 삶 속의 '가벼운' 슬픔에 대해서도 기도를 통한 영적 방향 전환, 불평, 요청, 믿음의 과정을 적용할 수 있다. 예를 들어, 친구가 오해할 때나 자녀가 어리석은 행동을 할 때, 경제적 어려움에 빠질 때, 감기로 열이 펄펄 날 때도 애통을 통해 하나님께로 다시 마음을 향할 수 있다. 부부 갈등으로 낙심이 될 때나 관계의 불편함을 경험할 때, 교회가 위태로울 때, 아기가 밤새 잠을 자지 않을 때와 같은 일상 속의 평범한 슬픔 속에서도 애통을 적용할 수 있다.

덜 심각한 고통 속에서 애통을 하면 위로가 될 뿐 아니라 상실의 언어가 점점 더 유창해진다. 이 책은 당신이 인생의 모든 고통 속에서 애통을 실천하게 만드는 것에 목적이 있다. 어떤 이유로 슬퍼하고 있든 애통을 실천하기를 바란다. 계속해서 기도로 하나님께 나아가라. 계속해서 불평을 토로하라. 계속해서 간구하라. 계속해서 믿으라. 근육을 사용할수록 더 큰 무게를 버틸 수 있는 것처럼, 애통이라는 영적 운동을 하면 나중에 고난을 더 잘 감당할 수 있다.

게리 위더럴(Gary Witherall)과 그의 아내 보니(Bonnie)는 전쟁으로 폐허가 된 레바논에서 선교사로 사역했다. 워더럴 부부는 무디신학교(Moody Bible Institute)를 졸업한 뒤 한 산부인과 병원에서 팔레스타인 난민들의 육체적 영적 필요를 돌보는 사역에 강한 열정을 느꼈다. 그 사역은 더디고 고되고 때로는 위험하기까지 했다. 하지만 그들은 계속해서 헌신했다. 힘든 사역을 통해 게리의 마음은 늘 애통했다. 주변 세상의 망가짐과 극심한 영적 문제들이 일으키는 슬픔을 그는 늘 기도로 하나님 앞에 내려놓았다. 무너진 마음은 수시로 애통으로 이어졌다. 하지만 아직 그는 이 은혜의 통로가 자신에게 얼마나 필요한지를 제대로 알지 못하고 있었다.[5]

2002년의 어느 날, 한 무장 괴한이 보니가 섬기는 병원에 난입했다. 그의 무차별 총격에 보니는 머리에 세 방의 총을 맞았다. 게리는 병원에서 이 충격적인 소식과 함께 당장 달려오라는 전화를 받았다. 병원에 도착한 그는 바닥에 주저앉았다. 그는 *Total Abandon*(완전한 버림)에서 자신의 슬픔을 더없이 솔직하게 표현하고 있다.

갑자기 상상도 못했던 상황에 처하고 말았다 … 슬픔의 심연으로 끊임없이 추락했다. 예상도 못했던 일이다. 내 세상을 환하게 밝혀 준 사람을 잃을 줄은 정말 몰랐다. 쾅! 나는 고통의 세상으로 떠밀렸다 … 내가 이토록 목 놓아 울 수 있는 줄은 미처 몰랐다.[6]

죽은 아내에게서 불과 몇 발자국 떨어지지 않은 곳에서 게리는 새로운 애통의 여행 속으로 던져졌다. 하지만 그는 극심한 슬픔 가운데서 하나님께 울부짖기로 선택했다. "하나님이 다스리신다는 믿음, 아내가 천국에서 예수님 곁에 있다는 믿음으로 살아야 했다. 성경을 믿기로 선택했다. 하나님이 모든 일을 아신다고 믿기로 했다. 그분을 믿어야만 했다. 모든 것을 그분 앞에 내려놓으라는 음성이 들렸다."[7]

깊은 슬픔과 두려움의 한복판에서 게리는 애통을 통해 다시 한 번 하나님의 은혜와 긍휼로 마음을 향했다. 그는 무너진 가운데서도 기도를 멈추지 않았다. 단, 자신만을 위해서 기도하지 않았다. 그의 애통은 아내의 생명을 앗아간 남자를 위해서도 기도할 힘을 주었다. 슬픔과 비극은 그리스도 중심의 긍휼을 소멸시키지 못했다. 애통은 그를 그런 긍휼로 이끌었다.

이후 몇 달간 게리는 계속해서 애통을 실천했다. 그가 인생의 조각들을 맞추고 아내를 잃은 슬픔에 애통하고 미래에 대한 걱정과 씨름하는 동안, 슬픔의 노래는 그의 삶과 사역이 치유되는 데 결정적인 역할을 했다. 아내를 잃고 새로운 깊이의 애통으로 들어가면서 그는 깊은 성장을 이루었다. 이것이 그가 애통을 지고한 형태의 예배 중 하나라고 부르는 이유다.[8] 전적으로 동감한다.

게리의 이야기는 비극적이다. 당신의 이야기는 그만큼 비극적이지 않은가? 하지만 고통의 크기와 상관없이 누구나 애통의 노래를 부를 수 있다. 우리 모두는 애통하는 법을 배우고 애통에서 배워서 애통과 함께 살아갈 수 있어야 한다. 종류나 정도에 상관없이 모든 고통 속에서 애통은 슬픔을 통과하기 위한 하나님의 길이 되어 준다.

성경을 바탕으로
상담하라

공식 혹은 비공식적인 상담 중에 애통은 영적 지도가
필요한 사람들을 위한 틀로써 큰 도움이 될 수 있다. 애통
은 고통을 다루기 위한 유용한 구조를 제공해 준다. 안타깝
게도 나는 고통 중에서 영적으로 무너지는 사람들을 너무
많이 봤다. 그 이유 중 하나는 자기 안을 향하게 만드는 슬
픔에 관한 책들이었다. 그 책들은 고통이나 슬픔의 원인을
지나치게 분석하며 계속해서 곱씹게 만든다. 슬픔의 단계
중 악한 '분노' 단계를 정당화하다가 영적으로 망가지는 사
람들도 많다.

그런가 하면 연민에 빠진 상담의 부작용으로 괴로워하
는 사람도 많이 보았다. 많은 상담자들이 나쁜 의도는 아니
지만 은혜 없이 진리만 제시한다. 감정을 완전히 무시하고
억누르는 상담도 문제다. 고통 중에 신음하는 사람들에게
무조건 마음을 새롭게 하라는 식의 너무 단순화된 해법, 성
경 구절을 잘못 적용한 해법, 일차원적인 상담을 제시하는
경우도 많다. 애통은 감정과 진리 모두의 자리를 인정한다.

우리 교회의 상담 사역은 애통의 시편들을 바탕으로 성

경 속에 나타난 슬픔의 진행 과정을 연구한다.[9] 애통의 시편을 연구하면 내담자는 폐부에서 터져 나오는 솔직한 고통의 토로에서 출발해 하나님 중심의 예배로 가는 여행을 직접적으로 볼 수 있다. 그럴 때 성경적인 슬픔의 표현을 자신의 것으로 삼을 수 있다. 애통을 통해 내담자는 슬픔을 타당한 감정으로 받아들이고 표현할 뿐 아니라 자신의 생각을 성경적인 방향으로 향하게 할 수 있다.

이 활동에는 시편의 틀을 사용하여 개인적인 애통을 계획하는 것이 포함된다. 애통의 각 단계를 지나면 영적으로 유익한 방식으로 슬픔에 관해 생각하고 슬픔을 표현할 수 있다. 이 책의 부록에는 애통을 계획하는 방법을 수록해 두었다. 참고하라.

애통은 고통을 표현하고 하나님 안에서 기뻐하는 동안 감정적인 회복을 이루어 준다. 이는 자연스럽게 영적 성장에 도움을 준다. 이런 면에서 애통은 상담을 위한 좋은 도구가 될 수 있다. 감정을 표현하고 은혜를 받아들이는 과정에서 우리의 마음이 새로워진다.

애통하며 기도함으로
미움을 극복하라

"그들에게 정말 화가 납니다. 이 미움을 어떻게 해야 할
까요?" 한 교인을 상담하던 중 이런 질문을 받았다. 그는 자
신에게 고통을 준 어떤 사람과 대화를 시도했지만 잘 풀리
지 않았다. 상대방의 명백한 잘못이었는데도 불구하고 잘
못을 인정하지 않았다. 화가 난 그는 미움을 품게 되었다.

"저주 시편을 아시나요? 불의에 관해 하나님께 아뢰는
시편입니다." 나는 그렇게 말한 뒤에 성경 속에 이런 상황
을 위한 기도의 언어가 있다는 점을 설명했다. 나는 그에게
애통의 시편들을 읽고 스스로도 그런 기도를 드려 보라고
권했다. 그렇게 하면 흥분이 가라앉고 미움이 가실 수 있다
는 것을 알기 때문이다.

미움으로 속을 끓이고 있을 때 애통의 시편들은 그 고
통에 관해서 하나님께 아뢰고 상처를 준 사람을 위해 기
도할 수 있게 해 준다. 그런데 미움을 다루는 책 중에서
크리스 브라운스(Chris Brauns)의《위대한 용서》(Unpacking
Forgiveness)에는 '치유적 용서'가 등장한다. 종종 이 방법을
무턱대고 권하는 경우가 있다. 치유적 용서는 우리가 고통

에서 해방되기 위해 가해자를 무조건적으로 용서해야 한다는 의미이다.[10] 여기서 이 이야기를 전부 다룰 수는 없다. 그저 용서에는 다양한 종류가 있다는 것을 잘 알기를 바란다. 애통을 통해 정의를 바라는 합당한 욕구와 용서하라는 명령 사이에 적절한 균형을 찾을 수 있다는 점을 말하고 싶다. 애통의 시편들은 고통과 불의에 관해서 하나님께 아뢰고 있다. 그래야 "원수를 사랑하며 … (우리를) 박해하는 자를 위하여 기도"하고(마 5:44) "저주하는 자를 위하여 축복"할(눅 6:28) 수 있기 때문이다.

불의와 학대, 불공평을 당한 사실을 인정해 주지 않고서, 회개할 줄 모르는 사람을 무조건적으로 용서하라고 하는 주장은 성경보다는 세상의 심리학에서 비롯한 것이다. 물론 우리 크리스천들은 용서와 화해를 추구해야 한다(막 11:25; 엡 4:32). 하지만 용서와 화해에는 조건이 따른다(마 18:15-17; 눅 17:3; 요일 1:9).

애통은 고통을 표현하면서도 미워하고 싶은 자들을 위해 기도하게 함으로써 이 복잡한 문제를 다룬다. 시편의 애통의 기도들은 섣불리 치료적 용서를 시도하지 않는다. 그럼에도 이 시편들, 심지어 저주 시편들도 미움을 품은 사람들을 위한 해법의 중요한 일부가 될 수 있다.

죄의 민감성을 기르고,
죄를 고백하라

애통을 통해 우리는 죄를 고백하며, 죄에 대한 민감성을 기를 수 있다. 애통의 기도가 외적인 상황이나 남들의 악한 행동에서만 비롯한다고 생각하기 쉽다. 하지만 5장에서 살펴봤듯이 세상의 망가짐에는 우리의 안에 있는 죄의 망가짐이 포함된다. 예수님을 영접한 뒤에도 우리는 하나님께 죄에 대한 슬픔을 표현해야 한다.

우리가 뿌린 것을 거둘 때가 온다(갈 6:7). 죄의 대가를 치를 때 우리는 시편 6, 32, 38, 51, 102, 130, 143편처럼 깊은 후회를 표현하는 시편을 사용할 수 있다. 이 참회의 시편들은 우리의 죄에 관해 하나님께 무슨 말을 해야 할지 알려 주는 동시에 용서와 회복에 대한 소망을 확인시켜 준다. 마이클 카드(Michael Card)는 사무엘하 12장에 기록된 다윗의 애통과 하나님의 용서에 대한 소망을 예로 든다.

다윗은 애통을 통해 하나님을 포기하기를 고집스레 거부하는 몸짓을 보여 준다. 이 거부의 몸짓 덕분에 그는 무고한 죽음에 대한 슬픔과 그것이 모두 자기 죄의 결과라는 절망감에 주저앉기를 고집스레 거부할 수 있었다. 그는 애통 중에 죽음과 죄라는 고통스러운 현실을 다룰 수 있었다.[11]

애통은 경건한 슬픔을 위한 언어와 다시 소망을 품을 이유를 제공해 준다.

고백으로서의 애통이 도움이 되는 두 번째 측면도 있다. 애통은 악한 마음의 작은 표현, 즉 심하지 않은 죄라도 심각한 죄라는 사실을 일깨워 준다. 참회의 시편들을 커다란 도덕적 실패에 대해서만 적용하지 말고, 무시하기 쉬운 일상의 죄에 대해서도 민감하게 적용해야 한다.

예를 들어, 다니엘 9장이나 에스라 9장의 고백을 읽을 때 죄의 결과에 대해 몸서리를 치고 우리의 죄를 고백하게 된다. 시편 32편이나 51편을 읽을 때는 우리 삶의 어떤 죄들이 똑같은 정화가 필요한지 생각하게 된다. 이처럼 애통은 우리가 무엇을 고백해야 하는지를 밝혀 줄 수 있다. 애통은 우리에게 하나님의 은혜가 얼마나 필요한지를 상기시켜 준다.

애통을 통해 죄의 심각성을 보면 우리의 영혼이 옳은 시각을 유지할 수 있다. 우리는 너무도 자주 죄를 짓고 너무도 깊이 망가진 존재이기 때문에 참회의 애통을 우리 영적 리듬의 일부로 삼아야 한다.

홀로 외로워하는 법을
배우라

이 외에도 많은 적용이 가능하다. 홀로 슬픔을 겪을 때 애통이 어떻게 도움이 될 수 있는지를 살펴보면서 이번 장을 마무리하고자 한다. 다시 말해, 혼자서 어떻게 애통할 수 있을까?

혼자서 겪는 슬픔은 특히 견디기 힘들다. 마음이 무거울 때는 사람들로 북적거리는 곳에서도 외로움을 느낄 수 있다. 목회를 하면서 주일 아침이 자신의 일상과 너무도 달라 자괴감을 느끼는 교인들을 많이 보았다. 미소로 반겨 주는 얼굴들, 즐거운 찬양 시간, 이런 것이 큰 고통 중에 있는 사람들에게는 오히려 반감을 갖게 되는 요인일 수 있다. 나는 자신의 아픔으로 인해 이런 것을 냉소적으로 보거나 아예 교회에 나오지 않는 사람들을 많이 보았다.

우리 교인 중 한 명이 치매를 겪는 아버지로 인해 오랫동안 고생을 했다. 나와 이 문제에 관하여 이야기를 하던 중 그는 주일이 마치 베인 상처에 식초를 붓는 것처럼 느껴진다고 말했다. 주일에는 표면 아래에서 흐르는 슬픔이 더 분명하게 느껴졌다. 매일 아버지에게 작별인사를 하다 보니 밝은 인사들이 가식처럼 느껴지고 즐거운 찬양이 몸에 맞지 않는 옷처럼 느껴졌다. 그가 그런 것에 반대하는 것은 아니었다. 다만 삶이 힘들다 보니 그의 안에는 기쁨이 아닌 슬픔의 노래만 가득했다.

어떤 심정인지 이해가 되지 않는가? 어쩌면 당신도 비슷한 경험을 할 날이 올지도 모른다. 당신이 시편의 3분의 1과 같은 상황 속에 놓여 있다면 홀로 애통하는 법을 배워야 한다. 외로움을 받아들이기를 바란다. 체념하라는 뜻이 아니다. 당신의 고통을 모르는 나머지 세상을 위해서 개인적으로 애통하라는 말이다.

나는 고통 중에 신음하는 사람들에게 주중에 매일, 그리고 주일 아침에 특히 더 집중적으로 주님과 애통의 시간을 가지라고 권해 왔다. 우리의 고통을 이해하지 못하는 교인들과 만나기 전에 잠시 홀로 애통의 시간을 갖는 것이 좋다. 고통 중에 있을 때는 예배나 환영, 소그룹 모임이 우리 영혼 속의 깊은 골짜기를 채워 주지 못할 수 있다. 큰 기대를 품고 이런 것에 참여하면 오히려 고통만 가중될 수 있다. 내가 겪어봐서 잘 안다. 먼저 하나님과 단 둘이 애통의 시간을 가지면 영혼이 치유되고 마음이 강해질 수 있다.

계속해서

믿으라

모든 애통하는 사람에게는 사연이 있다. 우리가 어떤 시련을 마주하고 있든 애통은 은혜의 수단이 되어 준다. 인생에 어두움이 짙게 깔릴 때 이 성경적인 슬픔의 노래는 긍휼로 가는 길이 되어 줄 수 있다. 이 책을 통해 이 사실을 깊이 실감했기를 바란다. 늘 애통으로 들어가 "계속해서 믿게 해 주시는 분을 계속해서 믿게" 되기를 바란다.

미카(Micah)와 셰리(Sherri) 부부는 존 파이퍼의 이 인용문을 여러 번 들었을 정도로 우리 교회에 오래 다녔다. 그 인용문은 이 부부의 가슴에 새겨졌다. 하지만 그들은 이 인용문을 자신의 것으로 삼게 될 줄은 꿈에도 몰랐다. 또한 폐부에서 우러나온 애통이 자신들의 인생에서 중요한 전환점이 될 줄도 몰랐다.

셰리는 둘째 아이를 가졌을 때 조기 산통을 겪었다. 의

사는 태아에게 더 발달할 시간을 주기 위해 출산을 늦추려고 했다. 그녀의 임신 기간은 겨우 28주밖에 되지 않았기 때문에 그대로 출산하다가는 태아의 목숨이 위태로울 수도 있었다. 의사들은 며칠간 애를 썼지만 결국 아사(Asa)는 태어나고 말았다. 몸무게는 1.3킬로그램이 채 되지 않았다. 긴 가시밭길이 예상되었다.

8주간의 신생아 집중 치료 후 아사의 상태가 급작스럽게 악화되었다. 그 작은 몸이 20분 동안 격렬하게 경련을 일으키기 시작했다. 의사들은 아사의 뇌가 출혈을 일으켰거나 뇌수막염이 발생했다고 판단했다. 어떤 경우든 매우 위험한 상황이었다.

자녀의 고통을 보며 답을 기다리던 가운데 부부는 패스트푸드 식당으로 향했다. 사람들로 붐비는 식당 안에서 부부는 겨우 마음을 추슬러 앞으로 어떻게 할지를 의논했다. 그들은 암담한 가능성과 자신들의 믿음 없음에 애통했다. 그들은 아사의 회복을 절실히 바랐고, 이러한 상황 속에서 변함없이 하나님을 믿는 일이 힘들다는 사실을 서로 인정했다.

그러고 나서 부부는 하나님께 마음을 쏟아내기 시작했다. 부부는 하나님께 아이의 발작으로 인한 두려움과 실망감, 슬픔을 털어 놓았다. 그리고 아이의 치유를 간구했다.

나아가, 결과가 어떻든 하나님을 믿겠노라 고백했다. 그러자 고통 중에도 계속해서 믿음을 주시는 하나님을 향한 믿음이 강해졌다. 그것이 이들 부부의 영적 전환점이었다.

몇 주간 아사는 호전과 악화를 거듭했지만 결국 집으로 돌아올 수 있었다. 그 뒤에도 힘든 순간은 계속되었다. 합병증들과 각종 치료가 아사의 삶의 일부가 되었다. 미카 부부는 1년이 넘게 아사를, 교회나 사람들이 있는 곳에 데려갈 수 없었다. 힘든 나날이었다.

미카 부부는 이 애통의 여행을 기억하기 위해 존 파이퍼의 인용문을 새긴 나무 푯말을 만들어 거실 벽에 세웠다. 매일 아사는 '계속해서 믿게 해 주시는 분을 계속해서 믿으라'는 말의 바로 아래서 논다.

고통과 고난은 예측할 수 없게 찾아온다. 그때 애통은 슬픔을 표현하면서도 하나님의 선하심을 받아들이기 위한 개인적인 노래가 되어 준다.

누구에게나 사연이 있다. 처음부터 애통의 노래를 부를 생각이었던 사람은 없다. 하지만 애통을 발견하면 인생의 고통을 이겨 낼 은혜를 발견할 수 있다.

함께 애통하는 것,
공동체 회복의
시작이다

어떤 구절이나 시편이
내 기도는 아닐지라도
분명 그것은 공동체 안에 있는
다른 누군가의 기도다.
-디트리히 본회퍼(Dietrich Bonhoeffer)

"목사님, 퍼거슨(Ferguson) 사태를 위한 기도는 언제 하나요?"

어느 주일 예배 후에 저메인(Jermaine)이라는 흑인 형제가 내게 던진 질문이다. 저메인은 매우 단단한 체구를 지닌 친구다. 지금도 인디애나대학교(Indiana University)와 NFL(미국축구협회)에서 선수로 뛸 때와 다를 바 없는 힘과 스피드로 풋볼 구장을 달릴 것만 같은 몸을 유지하고 있다. 한번은 교회 남자 수련회에서 농구 경기를 할 때 그 친구를 막는 실수를 하고 말았다. 그와 부딪히며 느낀 고통이 지금도 생생하다.

퍼거슨 사태에 관해서 묻는 저메인의 눈에는 실망감이 가득했다. 내 형제가 분명 아파하고 있었다. 나는 가슴이 철렁했다. 뭐라고 답해야 할지 몰랐다.

그 일이 있기 몇 주 전 미주리 주 퍼거슨에서 마이클 브라운(Michael Brown)이 경찰의 총을 맞고 숨진 일로 시위가 일어났다. 시위 현장은 실로 끔찍했다. 중무장한 경찰들, 군용 차량들, 시위대와 경찰 사이의 폭력적인 충돌, 거리는 마치 전쟁터를 방불케 했다. 그 일이 있은 지 2-3주일이 지났다. 그런데 나는 공개적으로 어떠한 발언도 하지 않았다.

나는 퍼거슨에서 일어난 일을 정확히 이해하지 못했다.

우리 교회 소수자들의 슬픔도 제대로 이해하지 못했다. 내 침묵이 주변 사람들에게는 너무 크게 들렸다.

나는 인종적으로 민감한 사건을 간과한 일에 대해 저메인에게 사과한 뒤에 즉시 조치를 취했다. 우리는 퍼거슨 사태를 위해 기도하고 인종 분쟁과 폭력, 우리 문화에 깊이 뿌리를 내린 불의의 역사에 대해 한탄하기 시작했다. 우리는 기도를 통해 깊은 관심과 우려를 표시했다. 이것이 시작이었다. 하지만 안타깝게도 우리의 애통은 너무 늦은 감이 없지 않았다.

퍼거슨의 상황을 간과한 일이 나에게는 중요한 교훈이 되었다. 지금도 그 일을 생각할 때마다 아쉽다. 저메인과의 대화 덕분에 우리가 함께 애통할 기회를 얼마나 쉽게 놓치는지 뼈저리게 깨달았다. 인종 갈등은 그리스도의 몸이 함께 애통해야 할 많은 일 중 하나다. 이제 나는 함께 애통하는 것이 교회의 소명이라고 믿는다. 교회는 어둠 속에서 애통이라는 독특한 목소리를 내야 한다. 이 점을 이해하지 못하면 많은 사역 기회를 놓칠 뿐 아니라 세상에 잘못된 메시지를 보내게 된다.

이 마지막 장에서는 크리스천들의 모임, 교회, 지역 사회 전체가 함께 애통하기 위한 실질적인 방안들을 제시하고자 한다. 애통의 범위를 넓혀, 어디서 타인과 애통할 수 있고 어떻게 하면 성경적인 공동체 안에서 함께 애통할 수 있는지를 고민해 보기를 바란다. 이 귀중한 슬픔의 언어를 회복하는 일에 당신이 앞장선다면 더더욱 좋다. 자, 함께 애통할 수 있는 영역들을 살펴보자.

애통이 가장 필요한 자리, 장례식

사랑하는 사람을 잃고서 함께 모인 자리는 애통이 가장 필요한 장소 중 하나다. 장례식은 슬퍼하는 가족 및 친구들과 함께 이 성경적인 슬픔의 노래를 부를 수 있는 중요한 기회이다. 하지만 실제로 장례식장에서 애통의 소리를 들어본 적이 언제인가?

요즘 장례식장에서는 이상하게 애통이 들리지 않는다. 오랜 세월 동안 지켜보고 경험해 본 결과, 나는 장례예배가 다소 불균형에 빠져 있다는 결론을 내렸다. 우리의 동기는 옳다고 생각한다. 우리는 "소망 없는 다른 이와 같이 슬퍼하지 않게" 하라는 바울의 권고를 따라야 한다(살전 4:13). 하지만 장례식에서는 유족을 위로한다는 이유로 고통에 관한 이야기를 자제하는 경우가 많다. 아마도 그것은 그렇지 않아도 슬픔에 빠진 유족을 더 슬프게 하지 말아야 한다는 생각때문일 것이다. 주로 소망에 관해서 이야기하고 싶기 때문일 것이다. 다시 말하지만, 우리의 의도는 좋다. 하지만 그렇게 해서는 중요한 기회를 놓칠 수밖에 없다.

당신이 가장 최근에 참석해 본 장례식을 떠올려 보라. 예배의 명칭은 무엇이었는가? 필시 '삶의 축하'(celebration of life)였을 것이다. 어떤 찬송을 불렀는가? 어떤 성경 구절을 읽었는가? 혹시 애통의 시편이 사용되었는가? 장례식을 인도하는 목사가 유족들의 고통이나 의문을 인정하고 그것에 관해서 이야기했는가? 죽음의 영적 의미에 관해서 설명해 준 사람이 있었는가? 사랑하는 사람을 잃은 고통을 표현한 사람이 있었는가? 아니면 그냥 고인에 대한 좋은 기억만 이야기하다가 헤어졌는가?

장례식에서 즐겁고 희망적인 이야기로 서로를 격려하지 말아야 한다는 뜻이 아니다. 하지만 성경적인 애통을 장례예배에 어떻게 접목시킬지 생각해 보아야 한다는 말이다. 마음 아픈 고통과 질문을 솔직히 토로한 뒤에 하나님을 향한 믿음을 표현하고 하나님을 찬양하는 법을 배워야 한다. 목사들은 장례식에서 지나온 삶을 축하만 할 것이 아니라 슬픔과 고통, 의문을 표현해 주어야 한다. 애통의 시편들을 읽는 순서를 넣어도 좋다. 장례식에서 좋은 기억에 관해서만 이야기할 것이 아니라 떠난 고인이 얼마나 그리운지에 관해서도 나누어야 한다. 찬송가를 선택할 때도 전체적인 분위기에서 소망과 슬픔이 적절한 균형을 이룰 수 있도록 해야 한다.

죽음은 크리스천들의 적이다(고전 15:26). 죽음은 세상의 망가짐을 생생하게 보여 준다. 죽음은 중요한 질문들을 끌어낸다. 애통은 깊은 슬픔을 표현하면서 소망과 찬양, 믿음으로 나아가기 위한 언어를 제공해 준다.

그 어떤 상황보다도 장례식은 함께 모인 이들에게 애통할 기회가 될 수 있다. 아니, 그런 기회가 되어야 한다.

애통의 기도 제목을 놓고
함께 기도하라

애통을 적용할 수 있는 또 다른 상황은 합심기도의 자리이다. 교회 리더들은 교회의 다양한 모임에서 이루어지는 기도 시간에 어떻게 하면 애통을 접목시킬지 고민해야 한다.[1] 요즘 교인들에게 애통은 낯선 개념이기 때문에 그들에게 실제로 어떻게 애통할지를 알려 주는 것이 매우 중요하다. 간단하게 애통의 시편 한 편을 읽어도 좋고, 세상의 위기에 관한 진정 어린 기도를 드려도 좋다.

우리 교회는 이런 기도를 여러 가지 방식으로 훈련했다. 1장에서 낙태와 성매매에 관한 우리 교회의 애통의 기도를 소개했다. 이 외에 우리 교회는 고통 중에 있는 교인들의 구체적인 기도 제목을 위해 함께 애통하며 기도한다. 자녀를 잃거나 병이 재발된 교인들의 이름을 부르며 함께 울며 기도한다. 출석 교인수가 수천 명이나 되지만 이렇게 구체적인 이름과 상황을 소개하면 친밀하고도 유익한 중보기도가 가능해진다.

나아가, 우리 교회의 예배 준비 팀은 죄의 고백을 포함해서 복음을 선포할 창의적인 방법들을 찾기 위해 노력한다. 한 예배에서는 공동기도문(Book of Common Prayer)에 있는 고백의 기도문을 읽으면서 우리 죄에 대해서 애통하는 시간을 가진다. 온 회중이 "저희가 안타깝게도 생각과 말, 행동으로 지은 많은 죄와 약함을 인정하고 슬퍼합니다"라고 기도할 때 강력한 뭔가가 작용한다.[2] 찬양을 부르거나 소망의 메시지를 전하기 직전 순서로 죄에 대한 슬픔을 표현하는 시간만큼 좋은 것도 없다.

또한 월간 기도 모임에서는 시련 중에 있는 사람들이 남들의 도움이 필요함을 인정하고 기도를 부탁하는 시간을 가진다. 우리는 깨진 가정, 성적인 죄, 방황하는 자녀, 실직, 불치병을 비롯한 수많은 고통스러운 상황에 대해 애통하는 시간을 가진다. 성탄절을 얼마 앞둔 한 기도 모임에서는 과부와 홀아비들을 위해서 기도한다. 그 목적은 그리스도 안에서 형제자매들이 기도를 통해 그들의 외로움을 함께 느끼는 것에 있다. 우리는 이 외로운 신자들의 고통을 함께 분담하기 위해서 애통을 사용했다. 함께 애통하는 시간을 가지면 아파하는 사람들이 어두운 그늘에서 나올 수 있다. 그렇게 되면 남들이 그들의 힘든 여정에 동참해 줄 수 있다.

나의 바람은 이 세상의 교회들이 애통의 기도 시간을 충분히 가지는 것이다. 그리스도의 몸인 교회들이 함께 애통해야 한다. 교회는 이 성경적인 기도의 언어를 받았고, 이 언어를 잘 사용하기 위해서는 서로가 필요하다. 우리는 우는 자들과 함께 울어야 한다.

설교하고
가르치라

나는 거의 25년 동안 설교를 해 왔다. 몇 편의 설교를 전했는지 잊어버린 지 오래다. 그런데 어떤 설교들이 장기적인 영향을 미쳤는지 돌아보면 흥미롭게도 욥기와 시편, 예레미야애가에 관한 설교들이 순위를 다툰다.

오랫동안 나는 고통 중에 있는 사람들을 대변한 설교가 가져오는 치유의 은혜를 눈앞에서 생생하게 지켜보았다. 그래서 나는 주일이나 주중에 설교할 때 가능하면 늘 애통을 접목시키려고 한다. 본문을 어떻게 적용할지 고민할 때 비신자, 기혼자나 미혼자, 십대뿐 아니라 고통 중에 있는 사람들을 떠올린다. 어떻게 하면 그 본문을 통해 그들이 슬픔 가운데서도 기도로 하나님께 마음을 향하고 불평하고 요청하고 믿음으로 나아가게 도울 수 있을지를 고민한다. 성경을 가르치거나 소그룹을 이끌거나 성경공부 모임을 책임지고 있다면 애통의 노래를 어떻게 사용할 수 있을지 고민하길 바란다.

어조도 중요하다. 스티븐 스미스(Steven Smith)는 《본문이 이끄는 장르별 설교》(Recapturing the Voice of God)라는 유익한 책을 썼다.[3] 그 책에서 그는 설교의 어조가 본문의 어조와 일치해야 한다고 주장한다. 나도 전적으로 동의한다.[4] 강해 위주의 설교자들에게 이런 말을 해 주고 싶다. 본문을 연구하고 설교할 때 '어조 일치'에 주의할 필요성이 있다. 다시 말해, 애통의 구절들을 누가복음처럼 설교해서는 곤란하다. 설교의 어조를 잘 맞추어야 성도들이 애통의 느낌을 정확히 알 수 있다. 성경에서 애통을 발견하면 당연히 본문의 의미를 설명해야 하지만 거기서 끝나지 말아야 한다. 성도들이 본문을 제대로 알 수 있게 도와 주어야 한다. 애통의 의미와 적용을 설명할 때 마음을 실어서 하라.

설교자여, 애통에 관해서 설교하라. 당신이 애통했던 실례를 들어가며 가르치라. 본문을 애통이 필요한 이들의 상황에 적용하라. 애통의 어조를 그대로 실어서 설교하라. 그렇게 하면 사람들이 하나님이 주신 애통의 기도를 함께 배울 수 있다.

애통의 찬양을
부르라

애통이 하나님의 백성들에게 도움이 될 수 있는 또 다
른 영역은 찬양이다. 교회의 음악은 교인들의 마음을 반영
하는 동시에 형상한다. 그런데 안타깝게도 요즘 교회의 찬
양에서 애통은 찾아보기 어렵다. 이는 새로운 문제는 아니
지만 꽤 걱정스러운 문제다.

Prophetic Lament(예언자적 애통)에서 라승찬은 찬송가
에서 애통을 얼마나 어떻게 사용하고 있는지 조사한 연구
를 언급했다. 그 연구에 따르면, 애통은 장로교와 침례교
찬송가의 20퍼센트 이하를 차지하고 있다.[5] 기독교 저작권
라이선스(CCLI)를 통해 요즘 교회에서 가장 자주 불리는 찬
양들을 살펴보면 문제는 더 심각하다. 2016년과 2017년의
찬양들을 살펴보았더니, 애통의 찬양은 5퍼센트도 되지 않
았다. 시편의 3분의 1이 애통의 시임에도 불구하고 "미국
교회는 애통을 피하는" 듯하다.[6]

예배 인도자와 음악가들에게 모든 탓을 돌릴 생각은 추
호도 없다. 애통의 부재는 그들만의 잘못이 아니다. 하지만
이 문제를 놓고 우리 교회의 찬양 인도자들과 이야기를 나

누어 본 결과, 시편에서와 같은 균형을 회복할 필요성에 모두가 공감했다. 3곡 중 1곡은 애통의 찬양이어야 한다고 주장할 생각까지는 없다. 다만 창의적인 음악가들이 나서서 예배 찬양의 균형을 회복해 주기를 간절히 바란다. 좋은 애통의 찬양들이 필요하다.

하지만 교회가 이 상황의 심각성을 절감하지 않으면 애통의 노래는 자주 불리지 않을 것이다. 교회가 애통을 주제로 찬양을 쓰기 시작해야 검은 구름이 드리울 때 마땅한 찬양을 부를 수 있을 것이다. 흑인 영가가 수세대 전 우리 흑인 형제자매들의 고통을 담고 있는 것처럼 현재 우리의 '신나고 희망적인' 찬양도 현대 기독교의 정신을 담고 있다. 그래서 약간의 조정이 필요하다.

요지는 우리가 불러야 할 찬양은 축하의 찬양만이 아니라는 것이다. 우리가 배워야 할 다른 중요한 장르들이 있다. 주일의 즐거운 찬양을 부르며 속으로 울고 있는 형제자매들이 생각보다 많다. 찬양 인도자들과 찬양 작사, 작곡가들은 애통의 노래를 통해 그들을 품어 주어야 한다. 최소한 시도라도 해 봐야 한다.

소그룹원과 함께
애통하라

실제로 애통을 적용하기에 가장 좋은 환경 중 하나는
소그룹이다. 소그룹, 여성 성경 공부 모임, 주일 교육 등 교
인들이 함께 인생의 고통과 고난을 나눌 기회가 많다. 애통
은 신음하는 사람들에게 위로와 도움을 줄 수 있는 언어다.

안타깝게도 나는 소그룹들이 구성원들의 슬픔을 어설
프게 다루는 모습을 많이 보았다. 예를 들어, 소그룹에서
기도 제목을 나누는 시간에 한 부부가 힘든 상황을 토로했
다. 그런데 그들이 고통을 솔직하게 털어 놓자마자 다들 어
떻게 해야 할지 몰라 어색하고 무거운 침묵이 흘렀다. 문제
해결에 관한 어설픈 조언은 도움보다 역효과만 준다. 그렇
다면 그냥 다음 사람의 기도 제목으로 넘어가야 할까? 형제
자매가 아픔을 털어 놓으면 어떻게 다루어야 할까?

나는 함께 애통함이 답이라고 생각한다. 그 소그룹의
리더가 그 순간을 기회로 삼아 애통의 시편을 펴서 그 부부
를 위해 함께 읽는 시간을 가졌다면 어땠을까? 그리스도 안
에서의 형제자매가 각자의 슬픔을 주님 앞에 내려놓는 동
시에 서로의 고통 속으로 들어갈 때 어떤 은혜가 찾아올지

생각해 보라.

우리 교회에 다니는 글렌(Glen)이라는 남성은 이런 치유의 은혜를 잘 알고 있다. 그는 14세 이하의 네 명의 자녀를 홀로 키우는 젊은 아빠다. 그와 아내 낸시(Nancy)는 20년이 넘는 시간 동안 CCC(대학생선교회, Campus Crusade for Christ) 사역을 충성스럽게 해 왔다. 그들은 대학생들에게 그리스도를 전하고 그들을 제자로 훈련시키는 일에 열정을 품었다.

그런데 낸시가 공격적이고 희귀한 형태의 암인 신경내분비종양 진단을 받게 되었다. 그때부터 11개월간 그녀는 지독한 항암치료를 견뎌야만 했다. 그 결과, 한동안은 몸이 회복되는 것처럼 보였다. 하지만 결국 더 심하게 재발하고 말았다. 그녀의 암은 말기였다. 이 암담한 진단에 글렌과 낸시는 소그룹원에게 함께 애통해 줄 것을 부탁했다. 그리하여 소그룹원들은 건강이 점점 악화되어만 가는 낸시와 어두운 골짜기를 함께 걸어 주었다.

소그룹은 원래 격주로 모여 성경을 공부했지만 낸시 부부와 함께 슬퍼하기 위해서는 언제라도 시간을 내 주었다. 낸시가 말기 암과 함께 찾아온 영적 혼란에 관해 솔직히 털어 놓으면 소그룹원들은 조용히 귀를 기울였다. 낸시가 복음 전도의 기회를 얻거나 화해하고 싶은 사람들에게 다가

갈 때마다 소그룹원들은 함께 기뻐해 주었다. 글렌이 홀로
되어 네 명의 자녀를 키우게 될까 봐 두렵다고 말하면 소그
룹원들은 함께 울어 주었다. 죽음을 앞두고 낸시의 외모가
눈에 띄게 달라지자 소그룹원들은 함께 신음해 주었다. 그
들은 수없이 많은 기도 시간을 통해 글렌 부부가 지나는 어
두운 골짜기를 함께 걸으며 애통해 주었다. 그들은 이 부부
의 고통 속으로 들어가기를 주저하지 않았다.

　낸시가 세상을 떠나기 몇 달 전, 나는 그들 부부와 그 소
그룹원들을 만났다. 우리는 그들이 어떤 여정을 함께해 왔
으며 가까운 친구들이 자신의 고통 속으로 들어와 준 것이
글렌 부부에게 어떤 의미였는지에 관해서 이야기를 나누었
다. 그날 밤 내가 본 아름다움과 강력함은 애통의 힘과 가치
를 보여 주는 또 하나의 증거가 되었다.

　글렌 부부는 내일이 어떻게 될지 모르는 상황에서 아파
하고 두려워했다. 하지만 그들은 하나님과 그분의 말씀에
대한 믿음으로 가는 길을 찾았다. 소그룹 안에서 함께 애통
했던 것이 그 열쇠였다. 절망에서 남들과 담을 쌓거나 자신
의 아픔을 숨기는 대신 함께 주님 앞에 슬픔과 소망을 쏟아
낼 때 암이라는 검은 구름 속에서도 힘과 소망, 긍휼을 발견
할 수 있었다.

여러 배경에서 애통을 실천할 수 있지만 친밀한 소그룹에서의 애통은 절대 놓치지 말아야 한다. 소그룹 리더, 장로, 여성 성경 공부 모임의 리더, 청소년 사역 자원자들이 애통의 언어를 유창하게 구사하게 되면 어떤 일이 벌어질지 상상해 보라. 나는 애통의 언어가 가진 힘을 수없이 목격했다. 교회 안의 '공동체'는 함께 애통하는 공동체가 되어야 한다.

인종
문제

인종 문제를 가장 나중에 다루는 이유는 현대 교회 문화에서 그 문제에 관한 애통이 가장 시급하면서도 복잡하기 때문이다. 애통은 고통과 오해가 가득한 곳에서 사람들을 하나로 연합시키기 위한 첫걸음이 될 수 있다. 물론 신성한 슬픔의 노래가 모든 인종 갈등이나 불의를 해결해 줄 수는 없다. 하지만 그 노래를 통해 교회는 연민의 기도 언어와 이해로 가는 출발점을 얻을 수 있다.

내가 이번 장을 쓰고 있는 지금, 전국은 격렬한 인종 충돌로 몸살을 앓고 있다. 백인 우월주의자들이 버지니아 주의 한 도시 중심에 있는 연방 건물 조각상 앞으로 행진했다. 뉴스는 횃불을 들고 "너희는 우리를 몰아낼 수 없다!"와 "백인의 삶이 중요하다!"라고 외치는 백인들의 모습을 내보냈다. 다른 주에서는 고속 추격전 끝에 흑인을 사살한 전직 경찰관이 재판에서 무죄 판결을 받은 뒤에 격렬한 시위가 벌어졌다. 쟁점은 피해자가 총을 소지했는지 경찰관이 사살 후 그의 손에 총을 쥐어 주었는지였다. 텔레비전에서 패널들이 시시비비를 논하는 동안 거리는 성난 시위 인파로 가득했다.

교회는 이런 상황에서 어떻게 반응해야 할까? 상황이 정말 복잡하고 고통은 극심하다. 과거의 내 반응은 침묵하는 쪽이었다. 무슨 말을 어떻게 해야 할지 몰랐기 때문이다. 이것이 내 형제 저메인이 내게 퍼거슨 사태에 관해서 물은 이유다. 내 침묵은 사람들에게 잘못된 메시지를 보냈다.

이 부분에서 공동의 애통이 큰 도움이 된다. 인종 때문에 고통이나 부당한 대우를 받아본 적이 없는 사람들에게는 애통이 우는 사람들과 함께 울기 위해 사용하는 언어가 되어 줄 수 있다(롬 12:15). 애통을 통해 우리는 다른 어떤 목소리보다도 연민의 목소리를 낼 수 있다. 애통의 기도를 통해 하나님께 나아가고 소수인종 형제자매들의 고통에 동참할 수 있다. 세상의 망가짐을 피부로 느끼고, 여전히 존재하는 인종 갈등을 슬퍼하고, 불의와 오해, 인종차별의 역사에 대해 하나님께 '불평할' 수 있다. 우리는 함께 하나님께 치유와 마음의 온유함을 요청할 수 있다. 애통할 때 우리는 인종차별에 빠지거나 겁에 질려 침묵하는 대신 함께 하나님의 은혜를 구할 수 있다.

애통은 소수인종 형제자매들에게 두려움과 아픔을 표현할 길을 열어 준다. 전국이 인종적인 불의와 불평등으로 인해 고통에 휩싸일 때 애통은 하나님께 나아가 불평하고 요청하고 다시 믿음을 회복하기 위한 구속적인 틀이 되어 준다.

애통은 학대로 인해 상처를 입을 사람들이 모든 상처를 치유해 주시는 분께로 나아가게 해 준다. 불평을 통해 그들은 고통을 솔직하게 털어 놓을 수 있다. 그리고 하나님의 도우심을 구하면서 자신의 마음이 갈망하는 것을 스스로 재확인하고 남들에게도 분명히 알려 줄 수 있다. 또 믿음으로 애통을 끝낼 때 인종차별로 인한 고통이 여전히 남아 있는 가운데서도 공의로 심판하시는 분께 다시 소망을 둘 수 있다(벧전 2:23).

애통은 인종차별의 고통이 분출될 틈을 열어 준다. 오해하지는 말라. 나는 애통만으로 인종 차별 문제가 해결되리라 믿을 만큼 순진하지 않다. 귀를 기울이고 이해하고 불의를 다루고 희망을 품는 것까지 해야 할 일이 수없이 많다. 하지만 나는 애통이 출발점이 될 수 있다고 생각한다. 애통이 다수와 소수가 만나는 자리가 될 수 있다고 생각한다. 이 성경적인 슬픔의 언어는 분노와 공감, 좌절과 믿음, 두려움과 희망을 이어 주는 튼튼한 다리가 될 수 있다. 인종 갈등이 우리의 사이를 갈라놓을 때 애통은 서로에게로 가는 첫걸음이 될 수 있다. 애통은 깊은 고통을 표현하도록 하나님이 주신 수단이다.

수세기 동안 애통은 고통 중에 있는 사람들을 위한 단조의 목소리가 되어 주었다. 애통은 개인적인 상실의 순간에도 적용될 수 있지만 우리가 함께할 때 그 구속적인 힘은 배가된다. 애통을 장례식장에서 표현하고, 설교에서 본을 보이고, 예배 중에 애통의 기도나 찬양을 하고, 소그룹에서 함께 애통하고, 인종 갈등의 한복판에서 애통의 합창을 하는 것처럼 이 모든 것은 그리스도 몸의 중요한 사역들이다.

검은 구름 아래서 불러야 할 긍휼의 노래가 있다. 교회가 이 노래에 앞장서야 한다. 모든 불의와 슬픔 속에서 예수님의 제자들은 서로가 그 어두운 터널을 통과하도록 도와야 한다. 애통은 함께 슬퍼하는 자들을 위한 상실의 언어다.

하나님의
긍휼은
바닥나지 않는다

검은 구름 우리를 뒤덮을지라도
그 자비하신 은혜로
우리를 지키네…
_윌리엄 쿠퍼(William Cowper)

애통을 배우기 위한 나의 여행은 "주님, 안 됩니다! 이건 절대 안 됩니다!"라는 울부짖음으로 시작되었다. 하지만 감사하게도 하나님의 은혜로 내 이야기는 거기서 끝나지 않았다. 거대한 고통은 내 안에서 의문을 불러일으켰다. 하지만 결국 나는 하나님의 성품 안에서 쉬는 법을 배웠다. 애통의 은혜를 발견한 것이 이 순례의 한 부분이었다. 당신도 이 은혜를 발견하게 되기를 바란다.

애통은 우리가 고통과 하나님의 약속 사이의 틈에서 부르는 노래다. 이 노래는 힘든 현실과 하나님의 선하심에 대한 믿음이라는 두 기둥 사이를 통과하는 길이다. 애통은 고난이 힘들지만 힘든 것이 꼭 나쁜 것은 아니라는 사실을 받아들이게 해 준다.

애통이라는 역사적인 단조의 노래는 고통을 표현하면서 하나님 중심의 예배로 나아가게 해 준다. 애통은 하나님께로 나아가고, 불평을 토로하고, 하나님께 약속을 지켜 달라고 요청하고, 그분을 향한 믿음을 다시 고백하는 행위이다. 애통은 단순한 눈물과 통곡이 아니다. 우는 것은 인간적이지만 애통해하는 것은 기독교적이다. 애통은 희망으로 가는 길을 열어 준다.[1]

애통은 우리의 고통을 표현할 목소리를 제공해 준다.

애통을 실천할 때 우리는 배워야 할 교훈들이 있음을 발견하게 된다. 애통은 우리 삶과 세상 이면의 진실들을 보게해 준다. 이 상실의 의식은 개인적인 고난과 고통을 넘어삶의 망가진 현실, 소망의 근원, 잘못된 믿음의 대상이라는문제점을 알게 한다. 나아가, 남들이 슬픔의 어두운 골짜기를 무사히 지나도록 안내해 주는 것이 크리스천들의 사명임을 깨닫게 한다. 애통은 진실로 가는 길을 열어 준다.

어두운 구름 속의
긍휼

이 책의 목적은 애통의 은혜를 발견하도록 돕는 것이다. 어두운 구름이 몰려올 때 애통은 긍휼로 가는 길이 되어 준다. 심지어 구름이 여전히 가득한 가운데서도 긍휼을발견할 수 있다. 애통은 검은 구름과 깊은 은혜 사이를 이어 주는 다리다.

서문에서 말했듯이 이 책의 제목은 모순되어 보이는 예레미야애가의 다음 두 구절에서 비롯되었다.

- 주께서 어찌 그리 진노하사 딸 시온을 구름으로 덮으셨는가(애 2:1).
- 여호와의 인자와 긍휼이 무궁하시므로 우리가 진멸되지 아니함이니이다(애 3:22).

이 책에서 나는 이 패러독스가 애통을 통해 발견하는 소망의 핵심이라는 점을 설명했다. 애통은 인생의 고통 속에서 하나님의 약속을 부여잡게 해 주는 기도의 언어다. 검은 구름이 몰려와도 하나님의 긍휼은 끝이 없다.

어떤 상황에서도 우리는 애통을 통해 은혜를 경험할 수 있다.

버림을 받되
멸시를 당하지는 않는

우리는 하나님에 대한 믿음과 깊은 슬픔이 상호배타적이 아니라는 사실을 살펴보았다. 애통의 여행 속에서는 이 둘이 공존한다. 불평을 통해서라도 우리의 마음을 쏟아내면 소망과 확신에 이른다. 시편은 이런 불평으로 가득하다.

예를 들어, 시편 22편이 그렇다.

내 하나님이여, 내 하나님이여, 어찌 나를 버리셨나이까 어찌 나를 멀리 하여 돕지 아니하시오며 내 신음 소리를 듣지 아니하시나이까 … 그는 곤고한 자의 곤고를 멸시하거나 싫어하지 아니하시며 그의 얼굴을 그에게서 숨기지 아니하시고 그가 울부짖을 때에 들으셨도다 … 겸손한 자는 먹고 배부를 것이며 여호와를 찾는 자는 그를 찬송할 것이라 너희 마음은 영원히 살지어다(1, 24, 26절).

3장에서 보았듯이 시편 22편은 예수님이 십자가에서 인용하신 것으로 유명하다. 이 시편은 이 땅에서의 마지막 순간에 예수님이 하신 불평의 기도이다. 하지만 그분은 영원히 버림을 받지는 않으셨다. 성금요일의 애통은 사흘 뒤 빈 무덤으로 응답되었다. 역사상 가장 불의한 사건은 결국 하나님의 가장 크신 긍휼을 보여 주는 사건이 되었다. 비극이 승리로 변했다. 그리고 애통은 그 비극과 승리 사이의 목소리였다.

J. R. R. 톨킨(Tolkien)은 유명한 《호빗》(The Hobbit)과 《반지의 제왕》(The Lord of the Rings)의 저자다. 스카이 제

서니(Skye Jethani)의 책《With 위드》(*With : Reimagining the Way You Relate to God*)에 따르면, 톨킨은 유카타스트로피 (eucatastrophe)에 관한 줄거리를 자주 썼다.[2] 이 단어를 들어본 적이 없다면 그럴 만한 이유가 있다. 그것은 이 단어가 톨킨이 지어 낸 단어이기 때문이다. 그는 나쁜 것 (catastrophe : 재앙)과 좋은 것(eu)을 결합해서 이 단어를 만들어 냈다. 재앙은 뜻밖의 악이다. 톨킨은 여기에 '유'란 접두사를 붙여서 뜻밖의 선의 출현을 표현했다.[3] 톨킨의 책을 읽거나 그의 책을 원작으로 한 영화를 본 적이 있다면 유카타스트로피의 순간이 생각날 것이다. 톨킨은 이런 순간을 "갑자기 진리의 단면이 눈에 들어오면서 … 기쁨의 눈물을 왈칵 쏟게 만드는 행복한 급반전"으로 표현한다.[4]

애통은 재앙이 유카타스트로피로 바뀔 수 있다는 사실을 믿게 해 주는 언어다. 애통은 순간의 고통을 표현하는 동시에 도움이 오고 있음을 믿게 해 준다. 애통은 진리의 단면을 보고서 소망을 얻게 해 준다.

언제까지?

하나님의 공의가 세워질 때까지!

애통은 하나님의 공의가 실현되기를 기다리는 언어다. 시편과 예레미야애가를 통해 우리는 애통이 이해할 수 없는 고통 중에서도 이해를 초월한 하나님의 주권 아래서 사는 삶이라는 점을 배웠다. 요한계시록 6장은 "그들이 가진 증거로 말미암아 죽임을 당한 영혼들"이 공의가 이루어지게 해 달라고 외치는 모습을 기록하고 있다(9절). 이제 그들의 애통이 그리 낯설게 느껴지지 않을 것이다. "큰 소리로 불러 이르되 거룩하고 참되신 대주재여, 땅에 거하는 자들을 심판하여 우리 피를 갚아 주지 아니하시기를 어느 때까지 하시려 하나이까?"(10절)

이 불평에 대한 답은 순결을 상징하는 하얀 예복의 선물과 한 가지 지시다. "각각 그들에게 흰 두루마기를 주시며 이르시되 아직 잠시 동안 쉬되 그들의 동무 종들과 형제들도 자기처럼 죽임을 당하여 그 수가 차기까지 하라 하시더라"(11절). 순교자들은 하나님의 목적이 이루어지고 공의가 실현될 때까지 기다리며 애통한다. 물론 하나님의 심판이 이루어질 것이다(15-17절). 하지만 기다리면서 '쉬는' 시간이 하나님 계획의 일부다.

애통은 아직 이루어지지 않은 공의가 이루어지길 바라는 심정을 표현하게 해 준다.

애통,
영원하지 않다

마지막으로, 우리는 크리스천들이 기대감을 가지고 애통해야 한다는 점을 살펴보았다. 하나님의 선하심을 알고 그분의 주권을 믿기에 우리는 삶의 고통스러운 패러독스에 하나님이 개입해 주시기를 위해 기도한다. 우리는 애통을 자아내는 죄라는 망가짐을 알고 있지만 예수 그리스도의 죽음과 부활이 죄와 죽음, 모든 눈물의 끝을 알리는 신호탄이라고 믿는다. 슬픔 가운데서도 우리는 더 이상 애통하지 않을 날을 고대한다. "모든 눈물을 그 눈에서 닦아 주시니 다시는 사망이 없고 애통하는 것이나 곡하는 것이나 아픈 것이 다시 있지 아니하리니 처음 것들이 다 지나갔음이러라"(계 21:4).

새 하늘과 새 땅의 가장 좋은 점 가운데 하나는 슬픔의 노래가 전혀 없다는 것이다. 시편을 부르게 될지도 모르겠지만 시편 전체를 부르지는 않을 것이다. 하나님의 존전에서는 더 이상 애통할 필요가 없다. 모든 불평이 해소될 것이다. 모든 요청이 응답될 것이다. 오직 찬양만 온 하늘에 울려 퍼질 것이다. 하늘의 찬양이 땅의 신음소리를 대신할 것이다. 그날이 어서 속히 왔으면 좋겠다. 당신도 그렇지 않은가?

아직
가야 할 길

그날까지 우리는 두 세상 사이에서 산다. 예수님을 믿는 자들은 이 땅의 망가짐과 하늘의 회복 사이에서 살도록 부름을 받았다. 애통은 이 여행을 위한 노래다.

지금 어두운 골짜기를 지나고 있다면 애통이 필요하다. 이 어두운 길을 걸을 때 애통으로 견디라. 계속해서 하나님께 이야기하라. 불평을 솔직히 토로하라. 필요한 것을 담대히 구하고 믿기로 선택하라. 매일 그렇게 하라. 고통을 찬양의 발판으로 삼으라. 하지만 여기서 멈추지 말라! 애통을 스승으로 삼아 세상을 바라보는 새로운 시각을 얻으라. 애통을 통해 구름 속에 가려진 하나님의 긍휼을 향해 나아가라.

조만간 어두운 구름을 만날 사람도 있을 것이다. 살다 보면 누구나 슬픔의 시기를 겪는다. 그때 절망이나 걱정 속에서 살지 않도록 풍랑이 사납게 요동치기 전에 미리 애통의 은혜를 배우기를 바란다. 하나님이 주신 이 언어를 받아들이면 하나님의 은혜를 더 깊이 이해할 뿐 아니라 "큰 풍파로 무섭고 어려울 때" 삶을 헤쳐 나갈 준비를 할 수 있다.[5] 나아가, 그 이상의 것들도 준비할 수 있다.

기독교는 유능한 애통자들을 필요로 한다. 복음 덕분에 예수님의 제자들은 남들의 어두운 순간 속으로 들어갈 수 있다. 소망의 이야기를 알고 하나님의 선하심을 믿는 이들은 은혜의 도관이 될 수 있다. 애통은 주변의 망가짐에 관해서 듣고 우는 자들과 함께 울어 주며 슬픔의 긴 길을 걷는 이들과 나란히 걸을 수 있게 해 준다. 당신이 인생 여정의 어느 지점에 있든 애통은 긍휼의 수단이 되어 줄 것이다.

애통은 저항에서 순종으로, 의문에서 믿음으로 나아가게 해 준다. 고난은 힘들지만 힘든 것이 꼭 나쁜 것은 아니다. 애통은 이 패러독스를 받아들이게 해 준다. 그리고 그 과정에서 우리를 변화시킨다.

사산한 딸이 평생에 걸친 애통의 여행으로 내 등을 떠밀었다. 그 아이는 내 가슴을 찢는 대신, 세상을 보는 새로운 눈을 주었다. 애통은 내 삶 자체요 내 영혼을 위한 은혜의 수단이 되었다. 애통은 전혀 예상하지 못했던 교훈들을 향해 내 마음을 열었다. 애통은 나를 생각지도 못했던 깊은 예배 속으로 이끌었다. 이것이 내가 가는 애통의 여행이다. 지금 당신이 어떤 여행 중에 있든 당신을 애통의 여행으로 초대한다. 계속해서 애통하기를 바란다. 검은 구름 속에 깊은 긍휼이 있다. 애통의 은혜를 발견하면 그 긍휼이 임한다.

말할수 없는
슬픔이 몰려올 때 만난 사람들,
그리고 사랑들

이 책을 쓰고 싶은 마음을 10년 넘게 품고만 있었다. 많은 사람들의 도움과 격려가 아니었다면 이 책은 결국 세상의 빛을 보지 못했을 것이다.

내 애통의 여정에 매우 중요했던 교회의 가족들에게 감사한다. 미시건 주 홀랜드 갈보리침례교회(Calvary Baptist Church)는 부족한 나를 1996년에서 2008년까지 담임목사로 섬겨 주었다. 또한 실비아의 죽음 이후 우리 가족을 정성껏 돌봐 주었다. 심지어 우리가 오랜 치유의 과정을 시작할 수 있도록 2주간의 휴가까지 배려해 주었다. 말할 수 없는 슬픔의 검은 구름이 몰려왔을 때 갈보리 교인들이 보여 준 친절은 평생 잊지 못할 것이다.

지난 10년간 나는 인디애나폴리스 칼리지파크교회(College Park Church)를 이끄는 특권을 누렸다. 그곳에서 교인들과 함께 욥기와 시편, 예레미야애가를 탐구한 시간은 이 책을 위한 중요한 훈련의 시간이 되어 주었다. 이 은혜롭고 굶주린 사람들은 성경을 열심히 배우고, 철저히 실천했다. 그런 모습을 볼 때마다 기쁘기 그지없다.

칼리지파크교회 장로들은 이 책의 비전이 탄생한 2014년에 안식년을 허락해 주었다. 내 글 솜씨를 키우는 것이 관건이었는데 감사하게도 앤 크로커(Ann Kroeker)가 내 글 선생이 되어 주었다. 그녀는 내게 애통에 관한 책이 필요할 뿐 아니라 내가 그 책을 써야 한다고 처음으로 말해 준 사람이다. 그녀의 부단한 격려와 전문적인 조언 덕분에 집필의 첫 단계가 날개를 달았다.

월게무스 앤 어소시에츠(Wolgemuth and Associates)의 로버트(Robert)와 오스틴(Austin)은 책 한 권 내본 적도 없는 저자에게 모험을 걸어 주었다. 그들의 지원은 실로 값졌다. 그들은 내게 문을 열어 주고, 이 여행 내내 지도와 조언을 아끼지 않았다. 두 사람이 없었다면 이 책은 여전히 내 머릿속의 독특한 개념으로만 남아 있을 것이다.

크로스웨이(Crossway) 출판사의 데이브 드위트(Dave DeWit)는 원고를 처음 쓸 때 사려 깊은 조언들을 해 주었다. 그런 기술과 연민의 소유자에게 내 서툰 글을 맡긴 것이 얼마나 다행인지 모른다. 그의 남다른 격려 기술은 내 안의 자기 의심을 꽁꽁 묶어 두었다.

그 외에 여러 친구들이 내 원고를 훨씬 좋게 다듬어 주었다. 특히 팀 휘트니(Tim Whitney), 데일 쇼(Dale Shaw), 데비 암브러스터(Debbie Armbruster), 더스틴 크로우(Dustin Crowe), 데니스 스웬더(Dinnes Swender), 재키 홀더먼(Jackie Halderman)이 중요한 비판과 제안을 해 주었다. 그들이 의견을 제시할 때마다 더욱 힘을 낼 수 있었다.

25년간 이어진 애통의 길의 내 동반자가 되어 준 아내 사라에게 감사한다. 아내는 내가 이 글에 쓴 대로 실천해 왔다. 어미의 슬픔은 더 고통스러운 법이다. 하지만 아내는 절망에 굴복하지 않고 끊임없이 애통을 통해 믿음으로 나아갔다. 아내가 각자 아픔을 지닌 다른 어머니들과 함께 애통하는 모습을 수도 없이 지켜보았다. 고통이 구덩이가 아닌 발판이 되면서 검은 구름 속에서 긍휼이 솟아나는 모습을 똑똑히 볼 수 있었다.

마지막으로, 나를 사랑하사 죄의 속박에서 해방시켜 주신 구주께 감사하지 않을 수 없다. 십자가와 부활을 생각할 때마다 그분이 모든 것을 바로잡을 권리를 사셨다는 사실을 다시금 떠올리게 된다. 그라프샤프 묘지(Graafschap Cemetery)의 작은 무덤에서 내 딸의 작은 몸이 다시 나와 내 믿음의 결실을 두 눈으로 보게 될 날을 고대한다.

그날을 기대감으로 기다리며 애통할 것이다.

부록

프롤로그

1. 고통이나 슬픔과 관련된 당신만의 이야기는 무엇인가? 어떤 고통스러운 사건들이 당신의 영혼과 하나님에 대한 이해에 결정적인 영향을 미쳤는가?

2. 당신이 고통을 다룰 때마다 자주 씨름하게 되는 질문과 의문은 무엇인가?

3. 신음하는 사람들에게 위로와 확신이 되는 성경 구절 중에서 당신이 좋아하는 것은 무엇인가?

4. 당신은 애통을 어떻게 정의하는가? 당신은 애통을 어떤 시각으로 바라보는가?

5. 고통 중에 있는 친구나 사랑하는 사람을 도와야 했을 때 무엇이 도움이 되고 무엇이 도움이 되지 않았는가?

Part 1 _____

Chapter 1

1. 왜 애통이 기독교적인지 자신의 언어로 설명해 보라. 왜 애통은 믿음을 필요로 하는가?

2. 괴로워서 기도하기 힘들었던 시기를 떠올려 보라. 어떤 상황이나 이유로 침묵했는가?

3. 하나님께 어떤 고통스러운 질문을 던진 적이 있는가?

4. 하나님의 신실하심을 돌아보라. 하나님께서는 어떤 상황일 때 그분의 신실하심을 증명해 보이셨는가?

5. 하나님의 성품 안에 영혼의 닻을 내리기 위해 사용하는 성경 구절은 무엇인가?

6. 애통이 당신의 신학과 어떻게 연결되는가?

7. 십자가가 고난과 고통 중에 있는 자들에게 어떻게 궁극적인 닻이요 해결이 되어 주는가?

8. 몇 분간 무엇이든 마음속에 있는 것을 하나님께 기도하며 이번 장을 마무리하라. 당신의 고통과 의문을 기도로 아뢰고, 하나님을 향한 믿음을 다시 고백하라. 하나님의 신실하심을 계속해서 믿을 수 있게 해 달라고 간구하라.

Chapter 2

1. 이번 장을 읽기 전에는 하나님께 불평하는 것에 대해 어떻게 생각했는가?

2. 불평이 왜 애통의 중요한 요소 중 하나인가?

3. "왜?"와 "얼마나?"에 관한 시편 구절들이 뜻밖이었는가? 어째서 그런가? 이 질문들이 어떤 면에서 위로와 격려가 되었는가?

4. 크리스천들이 기도로 하나님께 불평을 아뢰지 못하는 이유는 무엇인가?

5. 옳은 방식으로 불평하는 것이 영적으로 어떤 도움이 되는가?

6. 당신이 하나님께 했던 혹은 해야 했던 불평들을 적어 보라.

7. 마음을 솔직하게 털어 놓게 허락해 주신 하나님께 잠시 감사하는 시간을 가지라.

8. 어떤 경우에 불평이 악하고 잘못된 것인가?

9. 당신이 오늘 겸손한 자세로 하나님께 불평해야 할 것들이 있다면 무엇인가?

Chapter 3

1. 우리가 애통의 과정을 멈춘 채 불평만 하며 담대한 요청으로 넘어 가지 않으면 어떤 일이 벌어질까?

2. 내가 버니를 통해 겪은 것과 비슷한 경험을 해 본 적이 있는가? 다른 신자의 담대한 기도가 당신의 믿음에 어떤 도움이 되었는가?

3. 담대한 요청이 어떻게 우리를 의문에서 믿음으로 이끌 수 있는가? 이것이 왜 중요한가?

4. 시편 22편에는 중요한 전환점이 나온다. 종이와 펜을 꺼내 어떤 고통을 겪고 있는지 적어 보라. 의문에서 하나님의 성품에 대한 믿음으로 어떻게 넘어갈지 글로 표현해 보라.

5. 시편 22편의 4개의 요청과 9개의 범주를 살펴보라. 당신에게는 어떤 기도가 가장 의미 있게 다가오는가? 그 이유는 무엇인가?

6. 당신이 현재 겪고 있는 고난 속에서 어떤 담대한 요청을 드려야 할 것인가?

7. 믿음의 공동체가 담대한 기도를 드리는 데 어떤 도움이 될 수 있을까?

8. 이번 장을 읽고 나서 앞으로는 슬퍼하고 아파하는 사람을 어떤 식으로 도와주어야겠다는 생각이 들었는가?

Chapter 4

1. 이 마지막 믿음의 단계까지 나아가지 않는 사람의 영혼은 어떻게 되는가?

2. 불평과 요청이 어떻게 믿음을 위한 발판이 된다고 생각하는가?

3. 믿음을 나름대로 정의해 보라. 믿음의 요소들은 무엇인가? 믿음은 어떤 모습인가?

4. 믿음을 '적극적인 인내'로 생각하는 것이 왜 중요한가?

5. 당신이 믿음으로 나아가지 못하도록 길을 막는 걸림돌들은 무엇인가?

6. 언제라도 사용할 수 있는 약속이나 시편, 찬양의 목록을 기록해서 가까운 사람(가족 혹은 친구 등)에게 보여 주라.

7. 다음 장으로 넘어가기 전에 믿음을 키워 달라고 하나님께 간구하는 시간을 가지라.

Chapter 5

1. 이번 장을 읽기 전에 예레미야애가에 대해 어떤 생각을 갖고 있었는가?

2. '애통의 자리'에서 어떤 교훈들을 배웠는가?

3. 당신 주변이나 안에서 너무 흔해서 무심코 지나갔던 죄의 목록을 적어 보라.

4. 애통이 주변 세상과 당신에 관한 생각을 어떻게 바꿀 수 있을까?

5. 그런 생각의 변화가 당신이나 남들의 고통을 바라보는 시각에 어떤 영향을 미칠까?

6. 우리가 고난을 너무 개인화하는 경향이 있다는 말에 동의하는가? 왜 그럴까? 애통이 이 상황을 바꾸는 데 어떻게 도움이 될까?

7. 우리 삶의 이면에 있는 것들을 상기하기 위한 실질적인 방법들(예를 들어, 고백)에는 무엇이 있을까?

Chapter 6

1. 이번 장을 읽기 전에 예레미야애가 3장 22-23절이나 '오 신실하신 주'에 관한 당신의 시각은 어떠했는가? 이번 장을 읽고 나서 그 시각이 어떻게 변했는가?

2. 예레미야애가 3장이 보여 주는 고난에 대한 다른 시각들에서 어떤 위로를 얻을 수 있는가?

3. "절망적이다"라는 말에서 "주님, 당신을 믿을 수 있습니다!"라는 고백으로 나아갔던 적이 있는가? 어떤 상황이었는가?

4. "담대히 소망하다"라는 표현에 공감하는가? 고난 중에 소망을 품는 것이 어떤 면에서 위험한가?

5. 우리의 마음을 형성하는 네 가지 진리 중에서 지금 당신의 삶에 가장 먼저 적용할 수 있는 진리는 무엇인가? 그렇게 생각한 이유를 말해 보라.

6. 당신의 상황에서 그 외에 또 어떤 진리들을 곱씹을 필요가 있을까? 그 진리들을 적고 그것들에 관해서 기도하는 시간을 가져보라.

Chapter 7

1. 당신은 지난 10년 동안 우리 문화의 변화에 어떤 반응을 보여 왔는가? 친구들이나 가족, 교회 식구들에 대해서는 어떠한가?

2. 이번 장을 읽고 난 후 문화의 이런 변화를 헤쳐 나가는 데 애통이 어떤 역할을 할 수 있다고 생각되는가?

3. 상실이나 고난이 우리가 믿음을 두었던 우상들을 어떻게 드러낼 수 있는가? 실제로 그런 경험을 한 적이 있는가?

4. 우상의 유형들에 관해서 읽을 때 당신의 마음이 어떤 유형에 주로 끌리는 것을 느꼈는가? 그것이 그토록 매력적인 이유가 무엇이라

고 생각하는가?

5. 세상이 위기에 처해 있지 않고 안정되어 있을 때 애통은 어떤 도움을 줄 수 있을까? 예레미야애가 4장의 슬픔의 노래가 어떻게 경종 역할을 할 수 있을까?

6. 당신이 애통해야 할 또 다른 우상들에는 무엇이 있는가? 어떤 문화적 격변에 애통해야 하는가?

Chapter 8

1. 왜 크리스천들은 다른 사람의 고통 혹은 공동체의 고통 속으로 들어가기를 꺼려한다고 생각하는가? 어떤 역학들이 작용하는 것일까?

2. 고통 중에 하나님께 '기억해 달라고' 요청하는 것이 왜 도움이 되는가?

3. 그런 요청을 할 수 있는 근거가 되는 다른 성경 구절들이 있을까? 어떤 구절들인가?

4. 하나님의 주권적인 다스림을 당신 나름대로 정의해 보라. 이 교리의 어떤 면이 받아들이기 힘든가? 어떤 면이 위로가 되는가?

5. 잠시 시간을 내서 예레미야 31장 33-34절과 에스겔 36장 26-27절을 읽어 보라. 이 구절들에 따르면 회복은 무엇을 의미하는가?

6. 어떻게 애통이 복음으로 이어질 수 있는가? 상실의 언어를 십자가로 가는 다리로 사용한다면 구체적으로 어떤 말을 해야 할까?

7. 당신의 삶이나 가까운 사람들의 삶, 혹은 당신이 사는 지역에 애통을 통해 사람들을 복음으로 이끌 만한 기회가 있는가?

8. 하나님께 기회의 문을 열어 달라고, 그리고 그 문으로 들어갈 용기를 달라고 기도하는 시간을 가져보라.

Part 3

Chapter 9

1. 이 책을 읽고 나서 애통을 이해하고 적용하는 방식이 어떻게 달라졌는가?

2. 크리스천들이 애통의 눈으로 성경을 읽지 않으면 무엇을 놓치게 되는가?

3. 당신의 슬픔을 다루는 데 애통이 어떻게 도움이 되었는가? 혹은 앞으로 어떤 도움이 될 것이라고 예상하는가?

4. 미움에 빠져 있을 때 애통이 어떻게 우리를 사랑과 용서로 이끌 수 있을까?

5. 당신은 어떤 고백의 애통을 써야 할까? 당신이 속한 소그룹이나 성경 공부 모임에서는 어떤 식으로 고백의 애통을 쓰는 시간을 가질 수 있을까?

6. 지독히 외로워서 슬펐던 적이 있는가? 그때 개인적인 애통의 시간을 가졌다면 어떤 도움이 되었을까?

7. 당신 삶의 어떤 영역에서 하나님을 '계속해서 믿기가' 힘든가? 그 영역에 대해서 애통의 4단계(향하기, 불평, 요청, 믿기)를 밟아 보라.

Chapter 10

1. 고통을 알아채지 못하거나 무슨 말을 해야 할지 몰라서 누군가와 함께 애통할 기회를 놓친 적이 있다면 말해 보라. 그 일을 돌아보면 어떤 교훈을 얻을 수 있는가?

2. 왜 장례식이 슬픔보다는 축하의 자리가 될 때가 많다고 생각하는가? 이런 불균형을 본 적이 있는가? 어떤 경우였는가?

3. 애통을 주일예배에 적용할 수 있는 창의적인 방법에는 무엇이 있을까? 그런 방법을 적용하기 힘든 이유는 무엇인가?

4. 어떻게 하면 당신이 속한 소그룹이나 성경 공부 모임, 주일 교육 프로그램에서 보다 효과적으로 애통을 실천할 수 있을까?

5. 그룹 환경에서 애통의 좋은 영향을 경험하거나 본 적이 있는가? 어떤 일이 벌어졌고 그것이 왜 유익했는지를 말해 보라.

6. 이번 장으로 볼 때 애통이 인종 갈등을 해결하는 데 어떻게 도움이 되는가? 애통이 어떻게 치유 과정이나 대화를 촉발할 수 있을까?

7. 애통이 다수 집단이나 소수 집단에 어떻게 도움이 될까? 애통이 각 집단에서 어떤 역할을 해야 할까?

에필로그

1. 어떤 계기로 이 책을 읽기 시작했는가? 어떤 질문들을 품고 이 책을 폈는가?

2. 이 책을 읽고 나서 애통에 관한 시각이 어떻게 변했는가? 어떤 새로운 통찰을 얻었는가?

3. 이 주제에 관해 고민하면서 하나님에 대한 시각과 사랑이 어떻게 성장했는가?

4. 애통에 관해서 여전히 풀리지 않은 질문들이 남아 있는가? 어떤 질문들인가?

5. 남은 여정을 생각할 때 내년 한 해 동안 반드시 기억해야 할 진리를 3가지만 꼽아보라.

6. 어두운 골짜기를 지나고 있는 다른 사람들을 어떻게 도울 수 있을까? 구체적으로 어떤 행동을 취해야 할까?

7. 당신이 배운 것에 대해 잠시 하나님께 감사의 기도를 적어 보라. 이 책의 빈 공간에 적어도 좋다. 그 기도를, 남은 여정을 위한 기념물로 삼으라.

부록2

20개의 불평

애통의 시편들은 고뇌와 의문, 분노, 좌절감을 표현한 다양한 불평을 포함하고 있다. 다음 구절들은 애통의 시편들에서 발견되는 독특한 불평의 예다.

왜?(Why?)

- 여호와여 어찌하여 멀리 서시며 어찌하여 환난 때에 숨으시나이까(시 10:1)

- 어찌하여 악인이 하나님을 멸시하여 그의 마음에 이르기

를 주는 감찰하지 아니하리라 하나이까(시 10:13)

- 내 하나님이여 내 하나님이여 어찌 나를 버리셨나이까 어찌 나를 멀리 하여 돕지 아니하시오며 내 신음 소리를 듣지 아니하시나이까(시 22:1)

- 내 반석이신 하나님께 말하기를 어찌하여 나를 잊으셨나이까 내가 어찌하여 원수의 압제로 말미암아 슬프게 다니나이까 하리로다(시 42:9)

- 주는 나의 힘이 되신 하나님이시거늘 어찌하여 나를 버리셨나이까 내가 어찌하여 원수의 억압으로 말미암아 슬프게 다니나이까(시 43:2)

- 주여 깨소서 어찌하여 주무시나이까 일어나시고 우리를 영원히 버리지 마소서(시 44:23)

- 하나님이여 주께서 어찌하여 우리를 영원히 버리시나이까 어찌하여 주께서 기르시는 양을 향하여 진노의 연기를 뿜으시나이까(시 74:1)

- 주께서 어찌하여 주의 손 곧 주의 오른손을 거두시나이까 주의 품에서 손을 빼내시어 그들을 멸하소서(시 74:11)

- 주께서 어찌하여 그 담을 허시사 길을 지나가는 모든 이들이 그것을 따게 하셨나이까(시 80:12)

- 여호와여 어찌하여 나의 영혼을 버리시며 어찌하여 주의

얼굴을 내게서 숨기시나이까(시 88:14)

어찌?(How?)

- 여호와여 나의 대적이 어찌 그리 많은지요 일어나 나를 치는 자가 많으니이다(시 3:1)

- 주여 어느 때까지 관망하시려 하나이까 내 영혼을 저 멸망자에게서 구원하시며 내 유일한 것을 사자들에게서 건지소서(시 35:17)

- 하나님이여 대적이 언제까지 비방하겠으며 원수가 주의 이름을 영원히 능욕하리이까(시 74:10)

- 여호와여 이것을 기억하소서 원수가 주를 비방하며 우매한 백성이 주의 이름을 능욕하였나이다(시 74:18)

- 하나님이여 일어나 주의 원통함을 푸시고 우매한 자가 종일 주를 비방하는 것을 기억하소서(시 74:22)

- 만군의 하나님 여호와여 주의 백성의 기도에 대하여 어느 때까지 노하시리이까(시 80:4)

- 여호와여 언제까지니이까 스스로 영원히 숨기시리이까 주의 노가 언제까지 불붙듯 하시겠나이까(시 89:46)

- 여호와여 돌아오소서 언제까지니이까 주의 종들을 불쌍

히 여기소서(시 90:13)

- 여호와여 악인이 언제까지, 악인이 언제까지 개가를 부
르리이까(시 94:3)

- 우리가 이방 땅에서 어찌 여호와의 노래를 부를까(시
137:4)

부록3

애통의 시편들

개인적인 애통

고통이나 슬픔, 두려움 같은 강한 감정을 표출하는 개인(시 3, 4, 5, 7, 10, 13, 17, 22, 25, 26, 28, 31, 39, 42, 43, 54, 55, 56, 57, 59, 61, 64, 70, 71, 77, 86, 120, 141, 142)

공동체적 애통

고통이나 슬픔, 두려움 같은 강한 감정을 표출하는 집단이나 국가(시 12, 44, 58, 60, 74, 79, 80, 83, 85, 90, 94, 123, 126)

회개의 애통

죄에 대한 후회나 슬픔을 표현하는 개인이나 집단(시 6, 32, 38, 51, 102, 130, 143)

저주의 애통

분노나 공의에 대한 강한 열망을 표현하는 개인이나 집단(시 35, 69, 83, 88, 109, 137, 140)

부분적인 애통

다른 시편들 속의 애통(시 9:13-20; 27:7-14; 40:11-17)

논쟁의 여지가 있는 애통

일부 학자들이 전체 혹은 일부를 애통으로 보는 시편들 (14, 36, 41, 52, 53, 63, 78, 81, 89, 106, 125, 129, 139*)

---

*Rosann Catalano, "How Long, O Lord? A Systematic Study of the Theology and Practice of Biblical Lament" (doctoral diss., Toronto School of Theology, 1988), 59; Dennis Bratcher, "Types of Psalms," Christian Resource Institute: The Voice, 2018년 1월 30일 확인, http:// www.crivoice.org / psalmtypes.html.

부록4
애통 배우기 실습지

애통의 순서	시편	나의 애통

하나님을 향하라
기도로 하나님께 나아
가며 그분을 부르라.
때로 이는 불평과 함께
이루어진다.

불평을 토로하라
특정한 고통이나 불의
를 있는 그대로 아뢰
라. 불평은 주로 '왜'나
'어찌'로 이루어진다.

담대히 구하라
하나님께 그분의 성품
에 맞고 당신의 불평을
해결해줄 수 있는 구체
적인 행동을 요청하라.

믿기로 선택하라
하나님을 향한 믿음을
고백하고 그분을 찬양
하기로 결심하라.

애통의 순서	시편 86편	나의 애통
하나님을 향하라 기도로 하나님께 나아가며 그분을 부르라. 때로 이는 불평과 함께 이루어진다.	1절 : "여호와여 나는 가난하고 궁핍하오니 주의 귀를 기울여 내게 응답하소서." 6절 : "여호와여 나의 기도에 귀를 기울이시고 내가 간구하는 소리를 들으소서."	하나님, 제 기도를 들어주십시오. 제 애통을 들어주십시오. 오늘 당신의 은혜가 간절히 필요합니다.
불평을 토로하라 특정한 고통이나 불의를 있는 그대로 아뢰라. 불평은 주로 '왜'나 '어찌'로 이루어진다.	14절 : "하나님이여 교만한 자들이 일어나 나를 치고 포악한 자의 무리가 내 영혼을 찾았사오며 자기 앞에 주를 두지 아니하였나이다."	매일 부당한 말을 들으셨죠? 제가 어떤 오해를 받았는지 아시죠? 정말 화가 납니다. 답답합니다. 더 심한 말로 받아치고 싶습니다. 저들은 정말 뻔뻔스러운 자들입니다. 저들의 공격은 끝나지 않을 겁니다. 어떻게 해야 할지 모르겠습니다.
담대히 구하라 하나님께 그분의 성품에 맞고 당신의 불평을 해결해 줄 수 있는 구체적인 행동을 요청하라.	2절 : "내 영혼을 보존하소서 … 종을 구원하소서." 3절 : "주여 내게 은혜를 베푸소서." 11절 : "여호와여 주의 도를 내게 가르치소서 … 일심으로 주의 이름을 경외하게 하소서." 16절 : "내게로 돌이키사 내게 은혜를 베푸소서. 주의 종에게 힘을 주시고." 17절 : "은총의 표적을 내게 보이소서."	이 일을 통해 제가 배워야 할 교훈을 모두 가르쳐 주십시오. 무슨 말을 하고 무슨 말을 하지 말아야 할지 알게 해 주십시오. 제 마음이 제 평판보다 당신의 목적을 더 사랑하게 해 주십시오. 당신이 관심을 갖고 듣고 계신다는 사실을 알게 해 주십시오. 하나님, 도움이 절실합니다. 심히 심란합니다. 좋은 생각을 하다가도 느닷없이 추악한 생각이 떠오릅니다. 제게 당신의 은혜를 부어 주십시오!

애통의 순서	시편 86편	나의 애통
믿기로 선택하라 하나님을 향한 믿음을 고백하고 그분을 찬양하기로 결심하라.	8절 : "주여 신들 중에 주와 같은 자 없사오며." 12절 : "주 나의 하나님이여 내가 전심으로 주를 찬송하고 영원토록 주의 이름에 영광을 돌리오리니." 13절 : "내게 향하신 주의 인자하심이 크사." 15절 : "주여 주는 긍휼히 여기시며 은혜를 베푸시며 노하기를 더디하시며 인자와 진실이 풍성하신 하나님이시오니." 17절 : "여호와여 주는 나를 돕고 위로하시는 이시니이다."	당신은 이 모든 일을 아시는 줄 믿습니다. 모든 말을 들어서 아시는 줄 압니다. 당신은 제 감정도 아닙니다. 그리고 당신은 제 앞에 있는 그 어떤 것보다도 크십니다. 남들이 저를 이해해 주지 않아도 당신이 제게 필요한 것과 힘을 주실 줄 믿습니다. 사람들이 저에 관해서 하는 말을 모두 당신 앞에 내려놓습니다. 당신은 지금까지 더 힘든 상황에서도 저를 도와주셨습니다. 그래서 오직 당신만을 바라보겠습니다. 당신을 믿겠습니다. 이 일과 상관없이 당신을 예배하겠습니다. 주님, 감사합니다.

애통의 순서	시편 3편	나의 애통
하나님을 향하라 기도로 하나님께 나아가며 그분을 부르라. 때로 이는 불평과 함께 이루어진다.	1절 : "여호와여 나의 대적이 어찌 그리 많은지요!"	아버지, 다시 근심과 두려움이 가득한 마음으로 당신 앞에 나아왔습니다. 고통스러운 마음 가운데서도 믿음으로 당신께 기도합니다.
불평을 토로하라 특정한 고통이나 불의를 있는 그대로 아뢰라. 불평은 주로 '왜'나 '어찌'로 이루어진다.	1절 : "일어나 나를 치는 자가 많으니이다." 2절 : "많은 사람이 나를 대적하여 말하기를 그는 하나님께 구원을 받지 못한다 하나이다."	하나님, 어떻게 해야 할지 도무지 모르겠습니다. 삶과 가족, 목회의 압박이 너무 커서 견디기 힘듭니다. 이 모든 압박을 견딜 힘과 지혜가 제게는 없습니다. 점점 절망에 빠져들고 있습니다. 마음속에 의심이 싹트고 있습니다. 저를 향한 당신의 신실하심을 자꾸만 의심하기 시작합니다.
담대히 구하라 하나님께 그분의 성품에 맞고 당신의 불평을 해결해 줄 수 있는 구체적인 행동을 요청하라.	7절 : "여호와여 일어나소서. 나의 하나님이여 나를 구원하소서. 주께서 나의 모든 원수의 뺨을 치시며 악인의 이를 꺾으셨나이다." 8절 : "구원은 여호와께 있사오니 주의 복을 주의 백성에게 내리소서."	하나님, 도와주십시오! 지금 급합니다. 어서 제 생각을 바로잡아 주십시오. 제 마음속에서 요동치는 적들을 정복해 주십시오. 당신을 믿을 힘을 주십시오. 지금 바로 해 주십시오! 주님, 오늘 제게 복을 내려 주십시오. 당신이 저와 함께 하심을 알게 해 주십시오.

애통의 순서	시편 3편	나의 애통

믿기로 선택하라
하나님을 향한 믿음을 고백하고 그분을 찬양하기로 결심하라.

3절 : "여호와여 주는 나의 방패시요 나의 영광이시요 나의 머리를 드시는 자이시니이다."

4절 : "내가 나의 목소리로 여호와께 부르짖으니 그의 성산에서 응답하시는도다."

5절 : "내가 누워 자고 깨었으니 여호와께서 나를 붙드심이로다."

6절 : "천만인이 나를 에워 싸 진 친다 하여도 나는 두려워하지 아니하리이다."

하나님, 당신은 제 방패이십니다. 지금도 당신이 저를 보호하고, 그리스도의 복음과 성령을 통해 저를 돕고 계십니다. 당신은 한 번도 저를 실망시키신 적이 없습니다. 매일 당신의 긍휼이 제게 새롭게 임했습니다. 지난날을 돌아보면 당신을 믿어야 할 이유가 차고 넘칩니다. 그래서 오늘, 두려움에 굴복하지 않겠습니다. 오늘, 저를 도우시는 당신을 믿으며 살겠습니다. 힘을 내겠습니다!

부록5

시편의 전환점: 불평에서 감사로

시편에는 전환점이 있다. 이는 불평에서 담대한 요청과 믿음으로 나아가는 순간이다. 때로는 구체적으로 "하지만"이라는 단어가 나타나지 않아도 문장의 어조가 전환을 보이기도 한다. 예를 들어, 다음 표를 보라.

유형	구절*
개인적인 묵상	"나는 못 듣는 자 같이 듣지 아니하고"(시 38:13) "나는 가난하고 궁핍하오니"(시 70:5) "나는 나의 완전함에 행하오리니"(시 26:11) "내가 주께 기도하오니"(시 69:13) "나는 하나님께 부르짖으리니"(시 55:16)
하나님께 대한 요청	"여호와여 어느 때까지니이까?"(시 6:3) "여호와여 멀리 하지 마옵소서"(시 22:19) "주님은 만군의 하나님 여호와 … 일어나"(시 59:5)
믿음의 고백	"나는 오직 주의 사랑을 의지하였사오니"(시 13:5) "나는 주께 의지하고"(시 31:14) "그러나 나는 하나님의 집에 있는 푸른 감람나무 같음이여 하나님의 인자하심을 영원히 의지하리로다"(시 52:8) "내 영혼이 여호와를 즐거워함이여"(시 35:9) "나는 항상 소망을 품고"(시 71:14) "하나님은 나를 돕는 이시며"(시 54:4)
찬양	"주는 거룩하시니이다"(시 22:3) "여호와여 주는 영원히 계시고"(시 102:12) "주는 영존하시겠고 … 주는 한결같으시고"(시 102:26-27) "그러나 주여 주는 긍휼히 여기시며 은혜를 베푸시며"(시 86:15) "여호와여 주는 나의 방패시요"(시 3:3) "하나님이여 주께서 그들로 파멸의 웅덩이에 빠지게 하시리이다"(시 55:23) "여호와여 주께서 그들을 비웃으시며"(시 59:8) "그들은 내게 저주하여도 주는 내게 복을 주소서"(시 109:28) "그러나 하나님이 그들을 쏘시리니"(시 64:7)

*Claus Westermann, *Praise and Lament in the Psalms* (Atlanta: John Knox, 1981), 70-71쪽에서 발췌.

주

––––––––––– **Part 1** –––––––––––

Chapter 1

1. 이 개념에 대해 마이클 카드에게 감사한다. 이 개념은 그의 *A Sacred Sorrow: Reaching Out to God in the Lost Language of Lament* (Colorado Springs: NavPress, 2005), 19에서 찾은 것이다.

2. Todd Billings, *Rejoicing in Lament: Wrestling with Incurable Cancer and Life in Christ* (Grand Rapids, MI: Brazos, 2015), 58-59.

3. 익명을 원한 우리 교회 전 사역자의 글(2016). 허락 하에 게재.

4. 익명을 원한 우리 교회 전 사역자의 글(2016). 허락 하에 게재.

5. Card, *Sacred Sorrow*, 17.

6. Card, *Sacred Sorrow*, 21.

7. Stacey Gleddiesmith, "My God, My God, Why? Understanding the Lament Psalms," *Reformed Worship*, 2010년 6월, www.reformedworship. org/article/june-2010/my-god-my-god-why.

8. Bruce K. Waltke, James M. Houston, and Erika Moore, *The Psalms as Christian Lament: A Historical Commentary* (Grand Rapids, MI: Eerdmans, 2014), 1.

9. Card, *Sacred Sorrow*, 55.

10. James Montgomery Boice, *Psalms, vol. 2, Psalms 42–106*, An Expositional Commentary (Grand Rapids, MI: Baker, 2005), 640-41.

11. 부록3에서 다양한 애통의 시편을 보시오.

Chapter 2

1. Todd Billings, *Rejoicing in Lament: Wrestling with Incurable Cancer and Life in Christ* (Grand Rapids, MI: Brazos, 2015), 19.

2. Stacey Gleddiesmith, "My God, My God, Why? Understanding the Lament Psalms," *Reformed Worship*, 2010년 6월, www.reformedworship. org/article/june-2010/my-god-my-god-why.

3. James Swanson, *Dictionary of Biblical Languages with Semantic Domains: Hebrew* (Old Testament) (Oak Harbor, IL: Logos Research Systems, 1997), word 6623.

4. Michael Jinkins, *In the House of the Lord: Inhabiting the Psalms of Lament* (Collegeville, MN: Liturgical, 1989), 39.

Chapter 3

1. 이 일식의 비유에 대해서 Debbie Ambruster에게 감사한다, 이메일 서신, November 4, 2017년 11월 4일.

Chapter 4

1. Michael Card, *A Sacred Sorrow: Reaching Out to God in the Lost Language of Lament* (Colorado Springs: NavPress, 2005), 63.

2. Card, *Sacred Sorrow*, 63.

3. John Piper, *The Hidden Smile of God: The Fruit of Affliction in the Lives of John Bunyan, William Cowper, and David Brainerd* (Wheaton, IL: Crossway, 2001), 92. 존 파이퍼, 《고난의 영웅들》(부흥과개혁사 역간)

4. Hymnary.org, 2018년 7월 25일 확인, https://hymnary.org/text/god_moves_in_a_mysterious_way.

5. H. Stebbing, *The Complete Poetical Works of William Cowper* (New York: D. Appleton, 1869), 404-5.

6. 비수동적인 인내에 관한 Rebekah Eklund의 글에 감사한다. 여기서 나는 대신 적극적인 인내란 표현을 사용했다. Rebekah Ann Eklund, "Lord, Teach Us How to Grieve: Jesus' Laments and Christian Hope," (ThD diss., Duke Divinity School, 2012)를 보시오.

7. Eklund, "Lord, Teach Us How to Grieve," 276.

8. Michael Jinkins, *In the House of the Lord: Inhabiting the Psalms of Lament* (Collegeville, MN: Liturgical, 1989), 84.

9. 부록5에 전환을 보여 주는 다른 시편들도 소개해 놓았다.

10. Jinkins, *In the House of the Lord*, 86.

11. Jinkins, *In the House of the Lord*, 86.

12. Stebbing, *Poetical Works of William Cowper*, 405.

13. Todd Billings, *Rejoicing in Lament: Wrestling with Incurable Cancer and Life in Christ* (Grand Rapids, MI: Brazos, 2015), 38, 그 페이지에서 다음을 인용하고 있다. Brian Brock, "Augustine's Incitement to Lament, from the Enarrationes in Psalmos," Evoking Lament: A Theological Discussion, Brian Brock and Eva Harasta 편집 (London: T&T Clark, 2009), 183-203 중.

14. Billings, *Rejoicing in Lament*, 13.

_____ **Part 2** _____

Chapter 5

1. C. S. Lewis, *The Problem of Pain* (New York: Collier, 1962), 93. C. S. 루이스, 《고통의 문제》(홍성사 역간)

2. Nicolas Wolterstorff, *Lament for a Son* (Grand Rapids, MI: Eerdmans, 1987), loc. 127 of 562, Kindle.

3. Dale Shaw 목사의 장례식 설교, 2015년 9월 4일. 허락 하에 게재.

4. F. B. Huey, *Jeremiah, Lamentations*, The New American Commentary (Nashville: Broadman & Holman, 1993), 445.

5. R. K. Harrison, *Jeremiah and Lamentations: An Introduction and Commentary*, Tyndale Old Testament Commentaries (Downers Grove, IL:

InterVarsity Press, 1973), 197.

6. Michael Berenbaum, "Auschwitz," Encyclopaedia Britannica, 2018년 8월 22일, https://www.britannica.com/place/Auschwitz.

7. 목사들과의 화상 회의, 2017년 10월 25일.

Chapter 6

1. R. K. Harrison, *Jeremiah and Lamentations: An Introduction and Commentary*, Tyndale Old Testament Commentaries (Downers Grove, IL: InterVarsity Press, 1973), 227.

2. Andrew Bowling, "1071 לבב ", *Theological Wordbook of the Old Testament*, R. Laird Harris, Gleason L. Archer Jr., and Bruce K. Waltke 편집 (Chicago: Moody Press, 1999), 466.

3. Nicolas Wolterstorff, *Lament for a Son* (Grand Rapids, MI: Eerdmans, 1987), loc. 388 of 562, Kindle.

4. Timothy Keller, *Walking with God through Pain and Suffering* (New York: Riverhead, 2013), 289-90. 팀 켈러, 《고통에 답하다》(두란노 역간).

5. Duane Garrett, *Song of Songs/Lamentations, Word Biblical Commentary* (Dallas: Word, 2004), 414-15.

6. F. B. Huey, *Jeremiah, Lamentations*, The New American Commentary (Nashville: Broadman & Holman, 1993), 474.

Chapter 7

1. Albert Mohler, "Aftermath: Lessons from the 2012 Election," Albert Mohler (blog), 2012년 11월 7일, www.albertmohler.com/2012/11/07/aftermath-lessons-from-the-2012-election.

2. 이 비유에 대해 John Piper에게 감사한다. 2005년 목회자 컨퍼런스에서 이 비유를 처음 들었다.

3. Timothy Keller, *Counterfeit Gods: The Empty Promises of Money, Sex, and Power, and the Only Hope That Matters* (New York: Dutton, 2009), xvii-xviii. 팀 켈러, 《내가 만든 신》(두란노 역간).

4. Keller, *Counterfeit Gods*, x-xi

5. Soong-Chan Rah, *Prophetic Lament: A Call for Justice in Troubled Times* (Downers Grove: InterVarsity Press, 2015), 171.

6. 허락 하에 사용.

7. Rah, *Prophetic Lament*, 171.

Chapter 8

1. Amanda Wills, Sara Sidner, and Mallory Simon, "Why Charlotte Exploded and Tulsa Prayed," CNN, 2016년 9월 22일, www.cnn.com/2016/09/22/us/tulsa-charlotte-shooting-protests/index.html.

2. Wills, Sidner, and Simon, "Why Charlotte Exploded."

3. H. Stebbing, *The Complete Poetical Works of William Cowper* (New York: D. Appleton, 1869), 405.

4. Francis Brown, Samuel Rolles Driver, and Charles Augustus Briggs, *Enhanced BrownDriver-Briggs Hebrew and English Lexicon* (Oxford: Clarendon, 1977), 996.

_____ **Part 3** _____

Chapter 9

1. Esther Fleece, No More Faking Fine: Ending the Pretending (Grand Rapids, MI: Zondervan, 2017), loc. 37 of 219, Kindle.

2. 부록2 애통의 시편 목록을 보시오.

3. 더 많은 목록은 Michael Card, *A Sacred Sorrow: Reaching Out to God in the Lost Language of Lament* (Colorado Springs: NavPress, 2005), 146-47의 부록A를 보시오.

4. Nicolas Wolterstorff, *Lament for a Son* (Grand Rapids, MI: Eerdmans, 1987), loc. 166 of 562, Kindle.

5. Gary Witherall, 2017년 12월 1일 저자와의 인터뷰.

6. Gary Witherall and Elizabeth Newenhuyse, *Total Abandon* (Carol Stream: Tyndale, 2005), 91-92.

7. Witherall, *Total Abandon*, 93.

8. Witherall, 2017년 12월 1일 인터뷰.

9. 우리 교회의 내담자들을 위해 집에서 할 수 있는 애통에 관한 과제 시리즈를 개발해 준 Andrew Rogers 박사에게 감사한다. 그는 "Complaining God's Way: Helping People Give Voice to Their Suffering"이라는 유용한 글을 썼다. https://biblicalcounseling.com/2017/06/complaining-gods-way-helping-people-give-voice-suffering/.

10. Chris Brauns, *Unpacking Forgiveness: Biblical Answers for Complex Questions and Deep Wounds* (Wheaton, IL: Crossway, 2008). 크리스 브라운스, 《위대한 용서》(미션월드라이브러리 역간).

11. Michael Card, *A Sacred Sorrow: Reaching Out to God in the Lost Language of Lament* (Colorado Springs: NavPress, 2005), 83.

Chapter 10

1. 예배에 애통을 왜, 어떻게 접목시켜야 하는지에 관해서 알고 싶다면 다음 두 글을 보시오. Neal Woollard, "Why We Added a Prayer of Lament to Our Sunday Gathering," 9Marks (website), 2018년 6월 20일, https://www.9marks.org/article/why-we-added-a-prayer-of-lament-to-our-sunday-gathering/, Woollard, "What Does a Prayer of Lament Sound Like?," 9Marks (website), 2018년 6월 25일, https://www.9marks.org/article/what-does-a-prayer-of-lament-sound-like/.

2. "The Order for the Administration of the Lord's Supper," Book of Common Prayer (1928), 2018년 1월 27일 확인, http://justus.anglican.org/resources/bcp/1928/HC.htm.

3. Steven W. Smith, *Recapturing the Voice of God: Shaping Sermons Like Scripture* (Nashville: B&H Academic, 2015). 스티븐 스미스, 《본문이 이끄는 장르별 설교》(아가페북스 역간).

4. 예를 들어, 내가 쓴 짧은 글 "Is Your Preaching Tone Deaf?"를 보시오. 9Marks (blog), 2015년 6월 18일, www.9marks.org/article/is-your-preaching-tone-deaf/.

5. Soong-Chan Rah, *Prophetic Lament: A Call for Justice in Troubled Times*

(Downers Grove: InterVarsity Press, 2015), 22.

6. Rah, *Prophetic Lament*, 22.

에필로그

1. Jeff Medders, "Vocalizing and Velocity" (Learning to Lament 시리즈를 통해 전한 설교, Redeemer Church, Tomball, TX, 2017년 6월 11일), http://www.makingmuchofjesus.org/sermons/sermon/2017-06-11/vocalizing-velocity.

2. Skye Jethani, *With: Reimagining the Way You Relate to God* (Nashville: Thomas Nelson, 2011), 99. 스카이 제서니, 《With 위드》(죠이선교회 역간).

3. Jethani, With, 99.

4. J. R. R. Tolkien, *The Letters of J. R. R. Tolkien*, Humphrey Carpenter 편집 (Boston: Houghton Mifflin, 1981), 100.

5. Horatio Spafford, "It Is Well with My Soul" (1873).

참고 문헌

- Billings, Todd. *Rejoicing in Lament: Wrestling with Incurable Cancer and Life in Christ.* Grand Rapids, MI: Brazos, 2015.

- Boice, James Montgomery. *Psalms*, vol. 2, *Psalms 42-106. An Expositional Commentary.* Grand Rapids, MI: Baker, 2005.

- Bowling, Andrew. "1071 לֵבָב." *Theological Wordbook of the Old Testament*, R. Laird Harris, Gleason L. Archer Jr., and Bruce K. Waltke 편집, 466. Chicago: Moody Press, 1999.

- Bratcher, Dennis. "Types of Psalms." Christian Resource Institute: The Voice. 2018년 1월 30일 확인. http:// www . cri voice . org/ psalm types . html.

- Brauns, Chris. *Unpacking Forgiveness: Biblical Answers for Complex Questions and Deep Wounds.* Wheaton, IL: Crossway, 2008. 크리스 브라운스, 《위대한 용서》(미션월드라이브러리 역간).

- Brown, Francis, Samuel Rolles Driver, and Charles Augustus Briggs. *Enhanced Brown-Driver-Briggs Hebrew and English Lexicon.* Oxford: Clarendon, 1977.

- Card, Michael. *A Sacred Sorrow: Reaching Out to God in the Lost Language of Lament.* Colorado Springs: NavPress, 2005.

• Catalano, Rosann. "How Long, O Lord? A Systematic Study of the Theology and Practice of Biblical Lament." Doctoral diss., Toronto School of Theology, 1988.

• Eklund, Rebekah Ann. "Lord, Teach Us How to Grieve: Jesus' Laments and Christian Hope." ThD diss., Duke Divinity School, 2012.

• Fleece, Esther. *No More Faking Fine: Ending the Pretending.* Grand Rapids, MI: Zondervan, 2017.

• Garrett, Duane, and Paul R. House. Song of Songs/Lamentations. Word Biblical Commentary. Dallas: Word, 2004. WBC 솔로몬

• Gleddiesmith, Stacey. "My God, My God, Why? Understanding the Lament Psalms." *Reformed Worship*, 2010년 6월. www.reformed worship.org/article/june-2010/my-god-my-god-why.

• Harrison, R. K. *Jeremiah and Lamentations: An Introduction and Commentary.* Tyndale Old Testament Commentaries. Downers Grove, IL: InterVarsity Press, 1973.

• Huey, F. B. *Jeremiah, Lamentations.* The New American Commentary. Nashville: Broadman & Holman, 1993.

• Jethani, Skye. *With: Reimagining the Way You Relate to God.* Nashville: Thomas Nelson, 2011. 스카이 제서니, 《With 위드》(죠이선교회 역간).

• Jinkins, Michael. *In the House of the Lord: Inhabiting the Psalms of Lament.* Collegeville, MN: Liturgical, 1989.

• Keller, Timothy. *Counterfeit Gods: The Empty Promises of Money, Sex, and Power, and the Only Hope That Matters.* New York: Dutton, 2009. 팀 켈

러, 《내가 만든 신》(두란노 역간).

• 상동 *Walking with God through Pain and Suffering*. New York: Riverhead, 2013. 팀 켈러, 《고통에 답하다》(두란노 역간).

• Lewis, C. S. *The Problem of Pain*. New York: Collier, 1962. C. S. 루이스, 《고통의 문제》(홍성사 역간)

• Medders, Jeff. "Vocalizing and Velocity." Learning to Lament 시리즈를 통해 전한 설교, Redeemer Church, Tomball, TX, 2017년 6월 11일. http://www.makingmuchofjesus.org/sermons/sermon/2017-06-11/ vocalizing-velocity.

• Mohler, Albert. "Aftermath: Lessons from the 2012 Election." Albert Mohler (blog), 2012년 11월 7일. www.albertmohler.com/2012/11/07/ aftermath-lessons-from-the-2012-election.

• Piper, John. *The Hidden Smile of God: The Fruit of Affliction in the Lives of John Bunyan, William Cowper, and David Brainerd*. Wheaton, IL: Crossway, 2001. 존 파이퍼, 《고난의 영웅들》(부흥과개혁사 역간)

• Protestant Episcopal Church. "The Order for the Administration of the Lord's Supper." Book of Common Prayer (1928). 2018년 1월 27일 확인. http://justus.anglican.org/resources/bcp/1928/HC.htm.

• Rah, Soong-Chan. *Prophetic Lament: A Call for Justice in Troubled Times*. Downers Grove, IL: InterVarsity Press, 2015.

• Smith, Steven W. *Recapturing the Voice of God: Shaping Sermons Like Scripture*. Nashville: B&H Academic, 2015. 스티븐 스미스, 《본문이 이끄는 장르별 설교》(아가페북스 역간).

• Stebbing, H. *The Complete Poetical Works of William Cowper*. New York:

D. Appleton, 1869.

- Swanson, James. *Dictionary of Biblical Languages with Semantic Domains: Hebrew (Old Testament).* Oak Harbor, IL: Logos Research Systems, 1997.

- Tolkien, J. R. R. *The Letters of J. R. R. Tolkien.* Humphrey Carpenter 편집. Boston: Houghton Mifflin, 1981.

- Waltke, Bruce K., James M. Houston, and Erika Moore. *The Psalms as Christian Lament: A Historical Commentary.* Grand Rapids, MI: Eerdmans, 2014.

- Westermann, Claus. *Praise and Lament in the Psalms.* Atlanta: John Knox, 1981.

- Wills, Amanda, Sara Sidner, and Mallory Simon. "Why Charlotte Exploded and Tulsa Prayed." CNN, 2016년 9월 22일. www.cnn.com/2016/09/22/us/tulsa-charlotte-shooting-protest/index.html.

- Witherall, Gary. *Total Abandon.* Elizabeth Newenhuyse와 공저. Carol Stream, IL: Tyndale, 2005.

- Wolterstorff, Nicolas. Lament for a Son. Grand Rapids, MI: Eerdmans, 1987.

- Woollard, Neal. "Why We Added a Prayer of Lament to Our Sunday Gathering." 9Marks (website), 2018년 6월 20일. https://www.9marks.org/article/why-we-added-a-prayer-of-lament-to-our-sunday-gathering/.

- _____. "What Does a Prayer of Lament Sound Like?" 9Marks (website), 2018년 6월 25일. https://www.9marks.org/article/what-does-a-prayer-of-lament-sound-like/.